# Restructuring of Management Accounting

# 管理会計の再構築

本質的機能とメゾ管理会計への展開

高橋 賢 [著]
Takahashi Masaru

中央経済社

# はしがき

　筆者にとって本書は前著『直接原価計算論発達史』に続く2冊目の単行本である。早いもので，前著の刊行から11年の月日が流れた。本書はその間に進展した著者の研究の1つの区切りである。

　筆者は，社会科学の研究者の大きな仕事の1つは，自分の研究を体系化することであると考えている。それは終わりのない研究活動にいったん区切りをつけるということであり，その区切りとは単行本の出版であると考えている。

　研究が蓄積されていったとはいえ，それをまとめて一冊の本にする，というのは，非常に大きなパワーとエネルギーが必要である。前著を刊行したとき，筆者には何か得体の知れないパワーとエネルギーが漲っていた。すぐにでも次の本が書けるような気がしていた。しかしながら，生来の怠惰な性格も災いし，なかなか単著の出版には至らなかった。今はそのようなパワーもエネルギーもない。しかしながら，このところ，なんとも言いようのない，それこそ得体の知れない使命感のようなものに背中を押され続けているような気がする。そこで，元号が変わったことでもあるし，1つの区切りをつける決意をした。

　本書は，一見すると，バラバラな研究の寄せ集めのように見えるかもしれない。しかしながら，これらの研究は，筆者のなかに潜在的にある問題意識から取り組んできたものである。それは，大きくいうと「管理会計とは何か？」という問題意識である。管理会計の研究を始めて30年，やればやるほど管理会計というものがわからなくなってきた。管理会計は，会計を軸としながらも，経済学，経営学，経営科学，社会学などの隣接諸領域の要素を取り入れながら発展してきた。それ故に，その輪郭は霧のようなベールに包まれており，実ははっきりとはしていない。本書では，その輪郭をはっきりさせるために，第Ⅰ部では管理会計の普遍的な問題（キャパシティ・コストの問題），第Ⅱ部では会計情報システムとしての管理会計の立ち位置の検討（財管一致の会計システム），第Ⅲ部では管理会計対象の拡大（メゾ管理会計の構想）について論じている。これは，管理会計の過去から現在，そして未来の問題をほぼ時系列的に取り上

げた形になっている。このようにして，本書は筆者の「見えざる」問題意識を見える形で筆者なりに体系化したものとなっている。

　本書の執筆においては，この数年のさまざまな経験が大いに役立っている。筆者は，2013年から2015年まで会計検査院の特別研究官を務めた。会計検査院のはからいで，普段なら入り込めないようなところにインタビューできたり，普段なら目にすることができないような資料を閲覧することができた。この経験が，特に第Ⅲ部での研究に大いに活かされている。また，学会においても，日本簿記学会簿記実務研究部会「中小企業における業種別工業簿記・原価計算実務に関する研究」（2014年〜2015年度，部会長：福岡大学　飛田努先生）ならびに国際会計研究学会研究プロジェクト「グローバルビジネスの会計課題に関する研究」（2016年〜2017年，主査：関西大学　柴健次先生）などの共同研究プロジェクトに関わることができた。いずれも管理会計以外の専門家が多いプロジェクトであり，そこでの議論は筆者にとってはまさに「異種格闘技戦」の様相を呈していた。これらのプロジェクトに関わったことにより，なお一層「管理会計とは何か？」という自問を繰り返すことになり，現時点での自分の答えを導き出すきっかけをつかむことができたように思う。その成果は特に第Ⅱ部の研究に十分に活かされている。

　前著がきっちりしたルールで闘うボクシングのようなものであるとすれば，本書はまさになんでもありのプロレスのようなものである。本書では，筆者は自分の思うところを形にとらわれず自由に書いている。おそらく，本書のアングルはさまざまな議論をよぶことになるだろう。読者諸氏の忌憚のないご批判・ご批評がいただければ，筆者にとって望外の喜びである。

　最後に，出版事情の厳しい中本書の出版を引き受けて頂いた中央経済社山本継社長ならびに今回も編集の労を執って頂いた中央経済社学術書編集部田邉一正氏に厚く御礼を申し上げたい。

2019（令和元）年7月

高橋　賢

# 目　次

はしがき　i

## 序章　本書のねらいと構成 ―― 1

1　本書のねらい …… 1
　1.1　変容する管理会計・1
　1.2　本書の課題・3
2　本書の構成 …… 5

## 第Ⅰ部 ■ 管理会計の基本課題：キャパシティ・コストの問題

### 第1章　キャパシティ・コストの連結性：技術的連結原価と経済的連結原価 ―― 9

1　はじめに …… 9
2　鉄道業における「連結」概念を巡る論争 …… 11
　2.1　鉄道業と「連結」概念・11
　2.2　PigouとTaussigの論争・11
　2.3　論争の争点・15
3　原価計算上における連結原価の定義 …… 15
　3.1　原価計算書における定義・15
　3.2　NACAの調査報告書・16
　3.3　より厳密な定義・17
4　概念の拡張と用語の代替 …… 19
　4.1　連結原価の拡張された定義・19
　4.2　代替的な用語の利用・20
　4.3　定義の拡張に見る連結概念・22

## II　目次

　　5　連結性の概念と連結原価，共通費 …………………………………… 22
　　　5.1　共通費と狭義の連結原価・22
　　　5.2　2つの連結原価概念・24
　　6　第1章の結語 ……………………………………………………………… 25

## 第2章　影響アプローチのメカニズム：原価配賦と正義 ── 27

　　1　はじめに …………………………………………………………………… 27
　　2　原価配賦 …………………………………………………………………… 28
　　　2.1　原価配賦の目的・28
　　　2.2　配賦基準の選択・29
　　3　原価配賦と正義 …………………………………………………………… 31
　　　3.1　原価配賦と正義の関係・31
　　　3.2　法哲学における正義の観念・31
　　　3.3　原価配賦という行為と正義・34
　　4　管理会計情報における影響アプローチ ……………………………… 35
　　　4.1　意思決定アプローチと影響アプローチ・35
　　　4.2　影響アプローチにおける管理会計システムの設計事例・35
　　　4.3　正義の観点から見た影響アプローチの意味・38
　　5　第2章の結語 ……………………………………………………………… 39

## 第3章　キャパシティの意思決定とアイドル・キャパシティの発生 ── 41

　　1　はじめに …………………………………………………………………… 41
　　2　意思決定のパターンとアイドル・キャパシティの発生 ………… 42
　　　2.1　需要とキャパシティの拡張政策〜 Hayes and Wheelwright（1984）のモデル・42
　　　2.2　需要の後退とキャパシティの削減〜 Olhager et al.（2001）のモデル・45
　　　2.3　需要への対応とキャパシティのクッション・47

## 3　アイドル・キャパシティの測定と分類……49
### 3.1　CAM-Iのキャパシティ・モデルとアイドル・キャパシティの分類・49
### 3.2　アイドル・キャパシティ・コストの測定とキャパシティ・モデルの再構成・51
## 4　キャパシティ・クッションとしての未利用キャパシティの利用…54
### 4.1　生産可能能力の拡張・54
### 4.2　生産可能キャパシティへの転換とその効果・55
## 5　第3章の結語……57

# 第4章　アイドル・キャパシティの会計的測定と活用────59
## 1　はじめに……59
## 2　アイドル・キャパシティの捕捉と会計……59
### 2.1　アイドル・キャパシティ・コストの測定・59
### 2.2　TDABCによるアイドル・キャパシティ・コストの把握・64
## 3　アイドル・キャパシティの活用〜トヨタ自動車の発想……67
### 3.1　TPSの理念・67
### 3.2　TPSによって生み出されるアイドル・キャパシティとその活用・68
### 3.3　TPSにおける「経営資源の余剰」の意味・69
## 4　第4章の結語……69

# 第Ⅱ部■情報システムとしての管理会計：財管一致の会計

# 第5章　簿記による記録と管理会計：簿記の管理会計機能────73
## 1　はじめに……73
## 2　記録行為の結果による管理と記録行為そのものによる管理……73
### 2.1　記録行為の結果による管理・73
### 2.2　記録行為そのものによる管理・74
## 3　複式簿記の経営管理機能……74

3.1　簿記の目的・74
　　　3.2　2つの「簿記学」と簿記による会計管理・75
　　　3.3　簿記における記録と管理行為・76
　4　**管理会計情報と複式簿記**……………………………………………77
　　　4.1　管理会計の体系と管理会計情報の価値判断基準・77
　　　4.2　管理会計における管理と複式簿記・80
　5　**内部活動の描写と工業簿記**……………………………………………81
　　　5.1　工業簿記という領域・81
　　　5.2　2つの工業簿記：完全工業簿記と商的工業簿記・82
　6　**企業規模と管理会計としての簿記の役割**……………………………85
　7　**第5章の結語**……………………………………………………………86

## 第6章　財管一致の会計 ── 89

　1　**はじめに**…………………………………………………………………89
　2　**企業における財務会計と管理会計**……………………………………90
　3　**財管一致の本質**…………………………………………………………91
　　　3.1　財管一致の状態・91
　　　3.2　経営者の習性と財管一致・92
　　　3.3　財管一致の現状・93
　4　**財管一致へのアプローチ**………………………………………………94
　　　4.1　マネジメント・アプローチと財管一致・94
　　　4.2　財管一致のための管理会計システム設計の理念・95
　　　4.3　財管一致システムの構築とデータベース・98
　5　**第6章の結語**……………………………………………………………99

## 第7章　管理会計システムとしての直接原価計算の再評価 ── 103

　1　**はじめに**…………………………………………………………………103
　2　**2000年代における直接原価計算の再評価**…………………………104

 2.1　高度経済成長期以降の直接原価計算・*104*
 2.2　コマツの経営改革とSVM管理・*104*
 2.3　旭有機材工業における直接原価計算の導入・*106*
 2.4　2つのケースからの示唆・*107*
3　資金管理と直接原価計算：直接原価計算の新たな可能性………*108*
 3.1　直接原価計算の損益計算構造と投資回収・*108*
 3.2　大綱的投資回収計画・*109*
4　第7章の結語……………………………………………………*113*

## 第8章　直接原価計算と財務会計：財管一致と直接原価計算 ― *115*

1　はじめに………………………………………………………*115*
2　損益計算としての直接原価計算……………………………*117*
 2.1　直接原価計算における損益計算の発想・*117*
 2.2　会計理論との整合性・*119*
 2.3　損益計算としての直接原価計算と財務会計・*121*
3　管理会計と財務会計の連携と直接原価計算………………*122*
 3.1　管理会計の体系と機能・*122*
 3.2　企業の経営努力と全部原価計算・*123*
 3.3　全部原価計算の問題点・*126*
4　環境変化の利益計算への影響………………………………*126*
 4.1　全部原価計算と直接原価計算における利益計算の差異・*126*
 4.2　原価構造の変化と利益計算への影響・*127*
5　制度計算との整合性…………………………………………*131*
 5.1　データベースの一元化と固定費調整・*131*
 5.2　製品ライフサイクルの短縮化と在庫政策・*132*
6　第8章の結語…………………………………………………*133*

VI　目次

## 第Ⅲ部 ■ 管理会計対象の拡大：ミクロの管理会計からメゾの管理会計へ

### 第9章 メゾ管理会計の構想：地域的サプライチェーンのマネジメント ―― 137

1　はじめに …………………………………………………………………… 137
2　メゾという領域 …………………………………………………………… 137
　2.1　ミクロとマクロ・137
　2.2　メゾないしはメソの会計・138
3　メゾの現象・対象としての産業クラスター ………………………… 139
　3.1　産業クラスターとは何か・139
　3.2　メゾ領域としての特質・140
4　産業クラスターの課題と管理会計の必要性 ………………………… 144
　4.1　会計検査院の検査にみる食料産業クラスター協議会の問題点・144
　4.2　食料産業クラスター協議会の問題点・147
5　管理会計の対象としての産業クラスター ……………………………… 149
　5.1　産業クラスターにおけるマネジメント上の課題・149
　5.2　産業クラスターへの管理会計技法の応用の可能性・151
6　第9章の結語 ……………………………………………………………… 155

### 第10章 メゾレベルのBSC：サプライチェーン・マネジメントとBSC ―― 157

1　はじめに …………………………………………………………………… 157
2　産業クラスターの特質とBSC適用上の問題 ………………………… 158
　2.1　イノベーションとBSC・158
　2.2　サプライチェーンにおけるBSC・159
　2.3　産業クラスターへのBSC適用の課題・160
3　サプライチェーンとBSC ………………………………………………… 160
　3.1　2社協同のサプライチェーンBSC・160

3.2　バランス・サプライチェーン・スコアカード（Balanced Supply Chain Scorecard：BSCS）・163
　　3.3　バランス・サプライチェーン・マネジメント・スコアカード（Balanced Supply Chain Management Scorecard：BSCMSC）・166
　　3.4　RSC（Relationship Scorecard）・169
　　3.5　アライアンスとBSC・171
　4　サプライチェーンBSCの特徴と類型　………………………………………174
　　4.1　サプライチェーンBSCの類型・174
　　4.2　構築プロセスからの分類・175
　　4.3　形態からの分類・177
　5　サプライチェーンBSCの産業クラスターへの応用　………………………178
　　5.1　産業集積のタイプと産業クラスター・178
　　5.2　クラスターのタイプとサプライチェーンBSC・180
　6　第10章の結語　………………………………………………………………181

## 第11章　産業クラスターと戦略カスケードマップ ———— 183

　1　はじめに　………………………………………………………………………183
　2　戦略マップと産業クラスター　………………………………………………184
　　2.1　戦略マップとは何か・184
　　2.2　産業クラスターにおける戦略マップ・185
　　2.3　クラスターの戦略マップと参加組織の役割・188
　3　戦略マップのカスケード　……………………………………………………189
　　3.1　戦略のカスケード・189
　　3.2　戦略カスケードマップ・190
　4　産業クラスターと戦略カスケードマップ　…………………………………191
　　4.1　戦略カスケードマップの全体像・191
　　4.2　組織間における視点のリンクと戦略マップのカスケード・192
　　4.3　視点間のリンクを考慮に入れた戦略カスケードマップの全体像・195
　5　第11章の結語　………………………………………………………………197

## 第12章 メゾ管理会計におけるイノベーション促進：協働の窓とBSC ― 199

1 はじめに ― 199
2 戦略的協働 ― 200
　2.1 戦略的協働とは何か・200
　2.2 戦略的協働の生成と存在の理由・200
3 協働の窓モデル ― 201
　3.1 協働の窓モデルとは何か・201
　3.2 協働の窓モデルの構成要素・202
　3.3 協働の窓・204
　3.4 協働アクティビスト・205
4 協働の窓モデルの産業クラスター分析への援用 ― 206
　4.1 戦略的協働と産業クラスター・206
　4.2 協働の窓モデルと産業クラスター・207
　4.3 産業クラスターにおける協働の例・208
5 窓の開放のツール・シナリオとしてのBSC ― 210
　5.1 協働の窓をいかに開放するのか・210
　5.2 協働の窓の解放とBSC・211
　5.3 協働の窓の開放と戦略カスケードマップ・215
6 第12章の結語 ― 217

## 終章 新たな管理会計の構築を目指して ― 219

1 はじめに ― 219
2 ネットワークによる集積とキャパシティの有効活用 ― 219
3 財管一致と地域的サプライチェーンの効果測定 ― 221
4 本書の結び：2020年代以降の管理会計 ― 223

参考文献　227
索　引　237

## ■初出一覧

**第1章**
高橋　賢（2008）「連結原価と共通費」『横浜経営研究』第29巻第1・2号，83-95頁。
高橋　賢（2009）「連結原価の配賦方法の合理性に関する一考察：正義という観点から」『横浜経営研究』第29巻第4号，27-41頁。

**第2章**
高橋　賢（2017）「原価配賦と正義」『横浜経営研究』第73巻第1号，73-81頁。

**第3章**
高橋　賢（2005）「アイドル・キャパシティ・コストに関する一考察」『経理研究』第48号，155-164頁。

**第4章**
高橋　賢（2012）「アイドル・キャパシティの測定と活用に関する一考察」『横浜国際社会科学研究』第16巻第6号，1-10頁。

**第5章**
高橋　賢（2017）「簿記と管理会計」『横浜経営研究』第37巻第3・4号，35-45頁。

**第6章**
高橋　賢（2017）「財管一致の会計に関する一考察」『産業経理』第77巻第1号，70-78頁。

**第7章**
高橋　賢（2017）「中小企業への直接原価計算の導入：大綱的投資回収計画」『中小企業会計研究』第3号，50-58頁。
高橋　賢（2019）「わが国における直接原価計算の展開」『會計』第195巻第1号，79-91頁。

**第8章**
高橋　賢（2014）「全部原価計算の説明能力の再検討と直接原価計算の現代的意義」『商学論纂』第55巻第4号，147-165頁。
高橋　賢（2015）「財務会計と直接原価計算」『横浜経営研究』第36巻第1号，57-66頁。

**第9章**
高橋　賢（2010）「産業クラスターの管理と会計：メゾ管理会計の構想」『横浜経営研究』第31巻第1号，73-87頁。

**第10章**
高橋　賢（2011）「バランス・スコアカードの産業クラスターへの適用」『横浜国際社会科学研究』第15巻第6号，1-19頁。

**第11章**
高橋　賢（2012）「産業クラスターと戦略カスケードマップ」『横浜国際社会科学研究』第17巻第2号，1-11頁。

**第12章**
高橋　賢（2018）「戦略カスケードマップによる協働の窓の開放：イノベーション創出と管理会計」『横浜経営研究』第38巻第3・4号，100-107頁。

# 序章

## 本書のねらいと構成

## 1　本書のねらい

### 1.1　変容する管理会計

　会計とは何か？　短い言葉で定義すると，それは「経済行為の描写」であると筆者は考える。それでは，経済行為はいつ頃から行われていたのか。少なくとも古代エジプトや中国においては経済行為が行われていたことは確認できる。したがって，経済行為があった，ということは，それを何らかの形で描写していれば，そこには会計が存在していたことになる。

　Adum（2015）によれば，「古代まで遡ると，原価計算は王によって課される税の総額を決定したり，古代の人々の取引で販売する製品の価格を決定したりするために使われた最古の管理ツールの1つである。中国人やエジプト人，アラビア人といった古代の取引を行った人々の中には，宮廷に仕える会計士がいて，その中には原価の決定に関する専門家もいた」（Adum, 2015, p. 1884）とある。古代において管理会計としての原価計算が存在していたことになる。

　Perren（1944）は次のように指摘する。

　「紀元前3000年のエジプトでは，毎年小麦にかかる税が徴収されるため，会計士は毎年収穫の正味原価（net cost）の詳細な報告をファラオにしなければならなかった。古代のマヌ法典（Code of Manu）では，宮廷の監査役によって取引の利益の

期間的な監査が義務づけられていた。これらの神聖な法典のⅦとⅧの本で，次の2つの節をみつけた。『販売業務の専門家は，後に王様が利益の1/20を徴収するため，商品の販売価格を設定するだろう』，『商品の販売価格は，それが運ばれた距離と，倉庫に保管されていた時間と，それに関する費用と，最終的な目的地に到着するまでにかかった時間と，期待される利益に照らして評価されるべきである』。」（Perren, 1944, p. 1059）

　これらの記述から，古代において経済行為を描写する会計は，ごくごく原初的な管理会計として現れていたということがわかる。つまり，経済的行為が現れたときから，会計は管理会計として存在していたことになる。

　管理会計は，時代の要請に合わせ，さまざまな変化を遂げてきた。その歴史についてはこれまでも多くの文献で描写されているところである。論者によって歴史の描き方はさまざまではあるが，1ついえることは，管理会計においては，組織を取り巻く環境の変化に対応すべく，既存のツールが変化していったり，新しいツールが登場していった，ということである。

　これまでの管理会計の歴史を紐解いてみると，近現代において管理会計が変化する契機にはさまざまな事件があった。産業革命，世界大恐慌，世界大戦をはじめとするさまざまな戦争，第1次オイルショック，プラザ合意，バブル崩壊，リーマンショックなどである。

　これらの外的な要因に加え，会計理論の醸成とその啓蒙，情報技術の進展といった内的な要因の影響によっても，管理会計は変容していった。中村・高橋（2013）では，「情報ニーズの拡張」がさまざまな管理会計の変容をもたらしたとしている。そこでは，「情報ニーズの拡張」を説明変数とし，「管理会計の変容」を被説明変数とした，管理会計の変容を分析するモデルが提示されている（**図表序−1**）。

　このモデルにおいては，「観測」「外生」が変化すると「潜在」である情報ニーズの拡張が展開し，さまざまな「モデレタ」によって管理会計の変容が起きていくことになる。

　時代は刻々と変化し続ける。「観測」「外生」「モデレタ」もそれにしたがって刻々と変化していく。それに伴って，リニアな動きではないにしても，管理会計も変容を遂げていくのである。

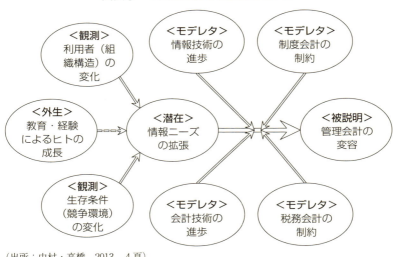

図表序-1 ■管理会計の変容のモデル

(出所：中村・高橋, 2013, 4頁)

しかしながら，ある日突然管理会計がまったく変わってしまう，ということはありえない。現在行われている総体としての管理会計の技術や概念は，薄皮を一枚一枚重ねていくかの如く，先人が積み上げてきてできあがったものである。少なくとも近現代においては多少時代が変化しても脈々と流れ続ける問題は存在している。その上で，時代の変化とともに変化していく部分がある。管理会計の変容を語る際には，過去からの連続性と，現在そして未来に生じる変化を捉えなければならない。

## 1.2　本書の課題

本書は，管理会計において古くから議論されている課題，現代的課題，そして未来に向けた課題の中で，特に筆者が解決すべきであると考えている課題を取り上げている。

古くから議論されている課題としては，組織がキャパシティを持つことから生じるコストについて焦点を当てている。いわゆるキャパシティ・コストというものであるが，これはコスト・ビヘイビアの観点からは固定費であり，原価

計算対象との関連では共通費・連結原価・間接費である。産業革命以降，このコストは業績管理会計上も意思決定会計上もさまざまな問題を企業に突きつけてきた。近現代の管理会計の歴史の大きな部分は，この問題への対処であったといっても過言ではない。この問題は，過去から現代にまで至る古くて新しい問題である。組織が形成される以上キャパシティの問題は不可避なものであり，未来においても問題となるものであろう。今一度，キャパシティ・コストの問題を取り上げる意味は十分にある。

現代における課題の1つは，会計のあり方，会計の存在意義についてである。長らく，企業会計の世界では，財務会計と管理会計という2つの領域が存在している。少なくとも研究上はこの2つの領域がそれぞれの役割に対して研究を深めていった。その結果，同じ会計でありながら2つの領域の間には断絶に近い高い壁ができあがってしまったように思う。しかしながら，会計を取り巻く環境は近年大きく変化している。それは，会計に対する情報要求の変化，そして会計システムを実際に運用する上で不可欠な（広い意味での）情報コストの低廉化といった環境変化である。前者は新たな制約の出現，後者は制約の緩和である。これらの環境変化を考えると，2つの領域が断絶したままでは，企業にとっての会計の存在意義が薄まってしまう可能性がある。その意味で，本書では財務会計と管理会計が一致した状態である財管一致の問題について取り上げている。

そして，未来に向けた課題として，ネットワーク型の組織に関する管理会計の構築を取り上げている。近年の市場のグローバル化の進展につれ，競争上一企業・一組織では対応できない局面が現れてきた。企業の枠を超え，連携を組むことが必要となってきた。また，それに対して民間だけの力ではなく，国が政策的にバックアップするという状況も生まれてきている。産業クラスターのような集積もその1つである。一組織では対応できないことに対して（成功しているかどうかは別にして）国としても政策を起こさなければならない。これは，会計による管理の対象が一企業（ミクロ）の範囲から，地域（メゾ）の領域にまで拡がっていくことを意味している。

## 2　本書の構成

本書は，次のような3部構成である。

---
第Ⅰ部　管理会計の基本課題：キャパシティ・コストの問題
第Ⅱ部　会計情報システムとしての管理会計：財管一致の会計
第Ⅲ部　管理会計対象の拡大：ミクロの管理会計からメゾの管理会計へ

---

　本書は，方法論として厳密な歴史的アプローチをとっているわけではない。しかしながら，第Ⅰ部は過去から現代にかけての問題，第Ⅱ部は現代の問題，第Ⅲ部はいわば未来の問題について検討している。その意味では，本書全体が時系列的な構成をとっていることになる。

　第Ⅰ部は管理会計で長く問題となっている古くて新しい問題を取り上げている。第Ⅱ部では情報システムとしての会計のあり方を取り上げている。そして第Ⅲ部では，管理会計の対象の拡大，来たるべき未来の姿について考察している。

　第Ⅰ部では，キャパシティ・コストの問題について取り上げる。第1章では，連結という概念を紐解くことにより，キャパシティ・コストがなぜ共通費という形で生じるのか，ということを解明する。第2章では，原価計算対象に対して共通的・固定的に発生するキャパシティ・コストがなぜ配賦されるのか，ということについて検討を加える。特に，管理会計の情報作成のアプローチである影響アプローチのメカニズムに対して正義という観点から考察する。第3章では，主に供給側から見たキャパシティの問題を検討する。キャパシティ・コストは，意思決定の産物である。意思決定のパターンとキャパシティの関係について考察する。また，企業がある一定のキャパシティを持つようになると，アイドル・キャパシティが発生する。アイドル・キャパシティは企業経営を圧迫するやっかいなものである。アイドル・キャパシティをただ単に遊休なもの，と捉えるだけでは経営を圧迫するのみである。アイドルとなった原因を突き止めなければならない。そのため，ここではアイドル・キャパシティの性質につ

いて検討する。第4章では，そのアイドル・キャパシティをいかに会計的に測定するか，また，それをいかに活用するべきか，ということを検討する。

　第Ⅱ部では，会計情報システムとしての管理会計について考える。ここでのキーワードは，財管一致の会計である。第5章では，会計記録の基本である簿記が，管理会計としてどのような機能を持つのかについて検討する。第6章では，会計が1つである状態，すなわち，財管一致の状態とはいかなるものなのか，について検討する。第7章では，管理会計システムとしての直接原価計算の機能についての再評価を行う。第8章では，第6章と第7章での議論を踏まえ，財管一致の会計において管理会計システムとして直接原価計算を用いることの意義を検討する。

　第Ⅲ部では，産業クラスターのような地域的サプライチェーンをマネジメントするためのメゾ管理会計について論じる。第9章では，メゾ管理会計の概念，対象について論じる。その対象としての産業クラスターの特性についても議論する。第10章では，メゾレベルの管理会計ツールとして，サプライチェーンにおけるBSCの構築について検討する。第11章では，さまざまな組織からなる産業クラスターの戦略共有のツールとして，戦略カスケードマップの適用可能性について検討する。第12章では，産業クラスターのような戦略的提携におけるイノベーション創出のプロセスを説明する協働の窓モデルについて説明し，BSCや戦略マップがその共同の窓を開くためにどのように役立つのかを検討する。

　終章においては，本書の要約と，現在直面し，未来においても課題となるであろう問題から，管理会計の再構築を提言する。

# 第Ⅰ部 管理会計の基本課題：キャパシティ・コストの問題

　第Ⅰ部では，管理会計の領域では古くて新しい問題であり，普遍的な問題ともいえるキャパシティ・コストについて取り上げる。

　第1章では，連結という概念を紐解くことにより，キャパシティ・コストがなぜ共通費という形で生じるのか，ということを解明する。第2章では，原価計算対象に対して共通的・固定的に発生するキャパシティ・コストがなぜ配賦されるのか，ということについて検討を加える。特に，管理会計の情報作成のアプローチである影響アプローチのメカニズムに対して正義という観点から考察する。第3章では，主に供給側から見たキャパシティの問題を検討する。特にここでは，経営を圧迫する原因となるアイドル・キャパシティの性質について検討する。第4章では，そのアイドル・キャパシティをいかに会計的に測定するか，また，それをいかに活用するべきか，ということを検討する。

# キャパシティ・コストの連結性：
# 技術的連結原価と経済的連結原価

## 1　はじめに

　管理会計上の問題で，長らく議論になってきたのが，共通費の処理問題である。キャパシティ・コストの多くが，原価計算対象に対しては共通的な性格を持っている。この共通的な性格はさまざまな問題を引き起こしてきた。

　企業が単一の組織で単一の製品のみを製造・販売している場合，原価の配分に問題はそう起こりえない。しかし，ある程度の規模の企業では，このような状況はあり得ない。まず，組織はさまざまな職能から構成される。また，複数種類の製品が複数の工程を経て製造・販売される。こうした状況では，経営資源の中には，（中間的な集計対象も含めた）原価計算対象に対して，結合的な関係を持つものが存在する。このような資源から生じる原価が，連結原価（joint cost，結合原価）である。

　岡本（2000）によれば，連結原価は次のように定義される。

　　「同一工程（単一ないし連続する同じ工程）において，同一原料から，相互に重要な経済的価値を持つ2種以上の製品が，必然的に生産される場合，これらの異種製品を連産品（joint products）といい，各種製品に分離されるまでに共通に発生した原価を連結原価（joint costs）という。」（岡本，2000，360頁）

　これは狭義の連結原価の定義である。この定義のポイントは，「必然的に生

産される場合」と状況を限定している点である。生産プロセスにおける特殊な状況を限定している。これは，次にあげる共通費との違いを明確にするために必要な定義である[1]。

　連結原価は，その性質から，原価計算対象への割り当てに非常に困難な事態を生じさせる。これまでに，いろいろな方法が考え出されてきた。たとえば，吉川・イネス・ミッチェル（1994）において，連結原価の配分方法が整理されている。

　連結原価と類似した概念に，共通費（common costs）がある。これは，複数の原価計算対象が産出されている状況で，特定の原価計算対象に対して経済的な方法で個別にその発生額を跡づけることができない原価をいう。たとえば，1つの工場で複数種類の製品を製造している場合，この工場の監督者の給料や，工場の建物減価償却費などは共通費である。

　共通費は上記のような性格を持つため，原価計算対象（製品）に割り当てる場合には，何らかの基準を用いて配賦するという手続をとる。この際，配賦基準は，共通的なサービスの消費あるいは利用を反映させた基準を選択することになる。

　連結原価と共通費は，先にも述べたように原価の配分上さまざまな問題を引き起こしてきた。管理会計の歴史の大きな部分は，これらの連結原価や共通費にいかに対処するか，ということの歴史であったといっても過言ではない。

　また，本章でも検討するが，両者は概念的に混同される場合もある。ここで，両概念を厳密に定義することが必要であると思われる。精密な歴史的研究は別の機会に譲るとして，本章では，非常におおざっぱではあるが1910年代から70年代までの連結原価の概念の変遷をたどり，共通費との概念の相違点を明らかにする。特に，1910年代における連結概念を巡る論争と，1960年代に行われた連結概念の拡張に関する議論をとり上げ，これらの議論の関連性と，そこから浮かび上がる連結原価と共通費の関係について言及する。

## 2 鉄道業における「連結」概念を巡る論争

### 2.1 鉄道業と「連結」概念

連結：jointという概念がいつ頃から意識されていたのか。その起源を厳密に取り上げることは，本章の目的ではないが，20世紀初頭にはすでに現れていることは確認できる。Lorenz（1907）の鉄道会計にかんする論文に，次のような指摘がある。

「鉄道の支出にかんするたいていの議論において，『定額（constant）』，『固定（fixed）』『一般（general）』，『共通（common）』，『連結（joint）』といった支出の区別についての議論が行われる。」（Lorenz, 1907, p. 283）

commonとjointが列挙されているところが興味深いところである。

### 2.2 PigouとTaussigの論争

鉄道の提供するサービスの連結性にかんしては，1910年代にPigouとTaussigの間で論争が行われている。

#### (1) Pigouによる連結性の精査

Pigouは，1912年の著書 *Wealth and Welfare* の13章 the special case of railway rates の中で，鉄道業において連結概念が重要であることを次のように述べている。

「鉄道運賃を決定する前に，その問題において広く混乱を招いている問題をクリアーにしておかないといけない。その混乱とは，結合供給（joint supply）とよばれるものである。」（Pigou, 1912, p. 215）

連結の概念を，次のように定義する。これは，かなり的確な表現である。

「2つの製品が連結して供給される場合，1つの正常なアウトプットを増加させるために一単位の投資がなされると，他のアウトプットもまた必然的に（necessarily）増加する。」（Pigou, 1912, p. 215）

鉄道業における連結の状態について，一般的な認識を挙げる。

「A地点からB地点まで1つの線路で行われる石炭の輸送と銅の輸送は連産品であると考えられている。同じように，B地点で消費される商品のA地点からB地点までの輸送と，A地点からB地点を通ってC地点まで運ぶ商品の輸送は，連産品であると広く考えられている。」(Pigou, 1912, pp. 215-216)

このような考え方について，Pigou（1912）は間違ったものであると指摘する。Pigou（1912）は，この考え方はTaussig（1911）の指摘が根底にあると考えている。そのTaussig（1911）の指摘とは，次のようなものである。

「巨大な工場が利用され，単一の目的ではなくさまざまな目的に利用される場合はいつでも，連結原価の影響が現れてくる。この例でもっとも際だった例が，鉄道運賃の調整において現れてくる。」(Taussig, 1911, p. 221)

Pigou（1912）は，銅の輸送と石炭の輸送が連産品であるという考え方は，容易に否定することができるという。Pigou（1912）は，Taussig（1911）のいう，巨大工場であっても単一の同質な製品を製造している場合は連結現価の問題が生じないという指摘を受けて，「A地点からB地点まで異なるものを運ぶことは，単一の同質的な商品ではないか」(Pigou, 1912, p. 216) と指摘する。

「単一種のものが，2つの目的で販売される，あるいは2つの異なる集団に販売されるという事実は，それを2種のものに変えるわけではない。1種のものは1つのままである。しかしながら，連結的な供給は，少なくとも2種以上のものが存在することを意味している。したがって，このケースにおいて連結性が事実上欠如していることが証明されるのみならず，その欠如が論理的な必要性であるということがさらに証明されるのである。その反対の視点を一般に受け入れることは，我々が銅の商社に販売した輸送と石炭商人に販売した輸送であるという代わりに，『銅の輸送』と『石炭の輸送』とたまたまいっているという事実にのみ依拠しうるのである。」(Pigou, 1912, p. 217)

鉄道を使った別々の輸送が連産品になる可能性については，次のように述べている。

「A地点からB地点への輸送とB地点からC地点への輸送が異なるエイジェントによって指揮される場合，上記に類似した正確な答えは，B地点で消費される商品のA地点からB地点への輸送とさらにC地点へ商品を輸送することは連産品である。

そのような輸送のいくつかの単位は人々に販売される。B地点からC地点への輸送を購入したいと思うものがいれば，そうは思わないものもいる，という事実は，A地点からB地点への輸送を単一の同質的なもの以上とはしない。それはそれ自身が連結して供給されるものではない。しかしながら，A地点からB地点への輸送とB地点からC地点への輸送が同じエイジェントによって指揮されている場合には，この答えは不十分である。このケースでは，A地点からB地点への輸送は，B地点からC地点への輸送と連結的に供給される可能性があるからである。」(Pigou, 1912, pp. 217-218)

このように指摘するものの，Pigou（1912）は次のように結論づけていく。

「しかしながら，実際のところ，A地点からB地点への輸送とB地点からC地点への輸送は，かなりの程度で，連産品ではない。多くの車両，エンジンパワー，鉄道のスタッフが共通的に（in common）そのラインのすべてのセクションに従事していることは真実であり，したがって，Taussig教授によって提起された，文字通り巨大な工場がさまざまな目的に利用されるという連結原価の状況が満たされているということも真実である。しかしながら，この状況は，真に連結的な供給の状況ではない。単に，ある道具がA地点からB地点への輸送とB地点からC地点への輸送に共通して用いられているという事実は，一単位の投資がA地点からB地点への輸送の正常なアウトプットを増加させるために費やされた一単位の投資が，必然的に（necessarily）B地点からC地点への輸送の正常なアウトプットまでも増加させるということを意味してはいない。……故に，1つのラインのさまざまなセクションにわたって共通的に工場を利用していても，連結的な供給であると断言できる理由は何もないのである。」(Pigou, 1912 p. 218)

### (2) Taussigの反論

Pigouのこの議論に対して，引用されたTaussigが，Quarterly Journal of Economics誌上で反論を展開した。

Taussig（1913）は，Pigou（1912）の，A地点からB地点への輸送と，B地点からC地点への輸送とは連結的ではない，という見解には同意するとしている。しかし，商品のA地点からB地点への輸送と，B地点を経由してA地点からC地点への輸送では，状況が異なると指摘する。

「A地点からB地点までの局地的な輸送のみで，路線を完全に利用しておらず，またおそらく輸送や信号の最低限の部分を完全に利用していない場合は，連結原価

のケースが存在する。」(Taussig, 1913, p. 379)

「しかし，論議されている問題の論証が主に適用されるのは，一区間を越えて異なる商品を輸送するというような比較的単純なケースの場合である。ここでは，おそらく事実上連結原価が存在する。

……市場に提示されている異なる種類のサービスが連結供給であると断言する理由は，総費用の大部分が連結的であり，鉄道はその投資をそれだけの値打ちのあるものにするために，すべてのサービスを提供しなければならないということである。」(Taussig, 1913, p. 380)

鉄道を工場であると見た場合，鉄道がたった1種類の輸送で使い果たされているのであれば，連結原価の原則は適用されないという。しかし，鉄道業での一般的な状況では，キャパシティを完全に利用するためにさまざまな輸送を提供することになり，それぞれのサービスにかかわる費用は，連結していると指摘するのである。これは，経済性の観点から見た連結性の問題である。

鉄道が提供するサービスについて，Taussig (1913) は，輸送と場の提供というものがあるという。それらのサービスは，同質的な商品として提供される。

「しかし私はそれらは目的のために重要な意味において同質的な商品ないしはサービスとして提供されているとは考えない。」(Taussig, 1913, p. 381)

これを裏付けるために例を出している。

「テンダーロイン，サーロイン，ランプ，もも肉，バラ肉といったグレードの違う牛肉は，すべて牛肉であり，その意味ではすべて同質である。しかしそれらは需要表が異なり，そうした理由から，連結的な供給から得られた特性を表しているのである。もしすべての肉が同じ需要表をもっていれば，ここで検討中の問題を論証する目的からみると，それらの肉は同質的な商品である。」(Taussig, 1913, p. 381)

このような連産品の吟味について，鉄道業でも同じテストができると指摘する。Pigouの例を引き，銅の輸送についての需要表は，石炭の輸送のそれと著しく異なるという。銅は小さな容積でも大きな価値を持っており，銅は石炭ではできないような価格をつけることができる。この例から，それぞれの輸送サービスが連産品であると考え，鉄道のコストはこれらの連産品に対する連結原価であると考えたのである。

## 2.3 論争の争点

この論争の争点は、経済性の観点から同じ資源を利用して「産出」された鉄道サービスを、連産品と見るかどうかという点にある。線路や車両といった、それそのものがアウトプットの構成要素（端的に言えば原材料）たり得ない資源が提供する複数のサービスが、連産品となりうるのか、という問題である。Pigou（1912）の指摘は、これらは経済性の観点からの意思決定から生じる問題であり、厳密には連産品の問題ではないことを指摘している。一方、Taussig（1913）は、食肉の例をあげて、それそのものがアウトプットの構成要素となりうる場合の複数製品の場合でも、需要に差があるために異なる製品と認識されるというこれも経済性の観点から説明を加えることによって、鉄道の提供するサービスが連産品であり、鉄道にかかわる原価が連結原価であることを論証しようとしたのである。

# 3 原価計算上における連結原価の定義

## 3.1 原価計算書における定義

1920年代になると、連結原価の問題が原価計算書でも取り上げられるようになる。たとえば、Jordan and Harrisの1925年の著書 *Cost Accounting* では、「連産品と副産物の原価」という章が設けられている。そこでは、この問題について次のように述べられている。

> 「あるケースでは、労務費が1つないしはたくさんの原材料と、2つ以上の製品に割り当てられる。これは、原価計算上大変困った問題をもたらす。なぜならば、原価の総額を結果として産出されるさまざまな製品に適切に配賦することは、大変に難しいからである。」（Jordan and Harris, 1925, p. 433）

このような問題は、特に革新的な製品（progressive products）を有する化学産業で起きるとしている。例として取り上げられているのは、ガスやミルクの

精製である。

　Jordan and Harris（1925）では，連産品を表すものとしてjoint productsという用語が使用されている。しかし，joint costという用語は使われておらず，original costという用語が使用されている。牛乳を精製してスキムミルクとクリーム，クリームをさらにアイスクリームとその他の製品に精製するというプロセスが紹介されている。original costは，材料費と労務費と間接費（burden）である。このoriginal costをいかに連産品に配賦するか，という手続が述べられている。ここでは，分析価値基準，従量基準，市価基準，標準比率基準などがあげられている（Jordan and Harris, 1925, pp. 443-444）。

　Sickleの1938年の著書*Cost Accounting*においても，「連産品と副産物の原価計算」という章が設けられている。この章では，明確にjoint costsという用語が用いられている。しかし，連結原価そのものの明確な定義はない。

　「原材料を消費し加工して製品の製造に従事している企業があるが，まったく異なる性質を持った2つ以上の主製品を製造される場合がある。この主製品が連産品とよばれるものであり，その生産によって，連結原価の問題が生じてくる。これは，特別な会計処理を要求する。」（Sickle, 1938, p. 542）

　この問題が生じる産業として，原油精製，食肉加工，たばこ産業があげられている。また，別の例として，鉄道業の例があげられている点に注意すべきである。

　「輸送サービスと乗客サービスは同じ線路や，信号装置，電信オペレータ，駅のエージェントなどのようなさまざまな業務上の装置を連結的に使用（joint use）している。これが連結原価の問題を生じさせる。」（Sickle, 1938, p. 543）

　Blockerの1948年の著書*Cost Accounting*では，「連結原価と副産物の会計」という章で連産品の原価計算が扱われている。業界の例として，原油精製，食肉・野菜包装，たばこ，鉄道業，貴金属，鉄鋼，石炭などの採掘等があげられている。ここでも，鉄道業があげられていることに注意すべきである。

## 3.2　NACAの調査報告書

　NACA（後のNAA，現在のIMA）は，調査報告書31番として1957年に「連産

品の原価計算」を刊行している。この時期のNACA（NAA）は，その時々のカレントなトピックに関して調査報告書を刊行している。この報告書が刊行された，という事実から，1950年代における連産品の原価計算に関する必要性の高まりと，議論の成熟化が伺える。

この報告書では，連産品を次のように定義している。

> 「連産品とは必然的に（necessarily）に共に生産される。ある場合にはその比率はある制約の中で変化するかもしれないが，他の場合には，その比率は実務上は固定的である。」（NACA, 1957, p. 7）

この定義では，「必然的に」と限定しているところに着目すべきである。
連結原価については，次のように述べている。

> 「ある製品やサービスがそれらを共に生産するのに必要になるような物理的関係によって結合している。……これらの製品の原価は，原材料費，労務費，そして製造間接費を含むが，それは個々の製品が分離するポイントまで結合している。」（NACA, 1957, p. 8）

複数の製品にとって，別々に生産するよりも結合的に生産した方が経済的である場合，それらの製品が結合的に生産される。それは，技術上連結的に生産した方が安上がりな場合や，連結的に生産することで規模の経済性が発揮される場合，そして一種類の製品の需要に対応させるには原価要素が小さいというような場合などである（NACA, 1957, pp. 8-9）。

> 「製品間の物理的関係と同じように経済的関係が原価発生における結合性の原因であるということは，常に認識されるわけではない。しかしながら，共通の原材料や設備能力から共に製品を製造するという経済的な理由は，製品間の物理的関係とまったく同じくらいうむをいわせないほどのもの（compelling）である。」（NACA, 1957, p. 9）

以上の定義には，経済性の問題を強調しているところに特徴がある。

## 3.3 より厳密な定義

1960年代にはいると，より厳密な定義がなされるようになった。
たとえば，Dickeyが1960年に編集した*Accountants' Cost Handbook*では，次

のように定義されている。

　「連結原価という用語は，しばしば製品の共通費（common costs）と同義に使用される。……連結原価は，製品との関係において3つの状況で使い分けられる。第1に，真の連産品（true joint-costs products）は，必然的に共に生産されるものであり，製品間においてあるアウトプットを増加させると，たとえ完全に同じ比率ではなくても，他のアウトプット量が増加する，といった明確な量的関係を持っているものである。これらの真の連産品は，本質的に補完的な製品である。これらの製品間の量的な関係は，（たとえば皮革と肉のように）ある製品のアウトプットが増加しても他の製品の相対的なアウトプットは変化しない，というような固定的なものであるかもしれないし，多かれ少なかれ変動的であるかもしれない。比率の変動が極端に大きい場合には，原価はもはや連結していない。第2は，製品が共通の原価から同時に生産されるが，製品がたとえ同じ割合ではないにしても，ある製品のアウトプットが増加すると他のアウトプットが減少するというような，代替的な製品である場合である。第3は，製品間にリアルな関係が存在しなくても，製品が単純に（別々に生産するより連結的に製品を生産した方がより安価であるような）経済的理由でともに生産されるような場合である。」（Dickey ed., 1960, section13-1）

　また，Liの1966年の著書では，共通費と連結原価について，次のように厳格に定義を分けることの必要性を説いている。

　「より厳密に見ると，共通製造原価（common manufacturing costs）という用語は，1つのプロセスで2つ以上の区別される別々の製品が製造される結果発生する原価に言及したものである。明確にするために，われわれは連結製造原価（joint manufacturing costs）という用語をより厳しく使用することを指定すべきであろう。
　連結製造原価の1つの重要な性格は，それが製造された製品に割り当てる必要がある製造間接費だけではなく，材料費と労務費も含むという点である。たとえば，精肉業であれば，牛の屠殺は肉，皮革，肥料，ショートニング，毛等のようなものを作り出す。この牛のコストは，食肉業者のサービスや食肉加工の設備の利用は，すべて製造された様々な製品に含まれるが，明確には跡付けできない。これらの原価はすべて連結製造原価であり，すべてがある等価基準によって製品に割り当てられるべきである。」（Li, 1966, p.503）

　この定義によれば，個々の製品への跡付けの不能性から共通費と連結原価の共通性を認めるものの，連結原価の定義を厳密にしていることがわかる。

## 4　概念の拡張と用語の代替

### 4.1　連結原価の拡張された定義

　前述のように，連結原価と共通費との定義を厳密にするものがいる一方で，1960年代には連結原価の概念を拡張してとらえるものも現れた。

　Horngrenの1965年の著書 *Accounting for Management Control* では，連結原価の概念が拡張されている。連結原価の概念は，分離可能原価（separable costs）との対比でなされている。

> 「分離可能原価（separable cost）は，あるセグメントに直接的に認識できるものである。結合原価は，問題となっているすべてのセグメントに共通的なものであり，多少疑問の残る基準による以外には，明確にまた実際的に配賦し得ないものである。
> ……連結原価の例は，社長やそのほかの役員の給料，基礎的な研究開発費，広報や企業イメージ広告などのような本社費などがある。」(Horngren, 1965, p. 275)

　狭義の連結原価は，joint product costという用語があてられている。

> 「joint product costは，単一のプロセスから製造され，種類の異なる個々の製品が分離点として知られている段階にいたるまで認識できないような製品の製造原価を描写するものとして使用される用語である。」(Horngren, 1965, p. 328)

　Horngrenは，このような考え方を1967年の著書 *Cost Accounting* でも展開している。連結原価について次のように指摘する。

> 「連結原価とは，たいてい単一のプロセスから製造され分離点として知られる製造のある段階にいたるまで個々のタイプの製品に認識できな製品の製造原価によくあてられる用語である。
> ……広く見ると，連結原価が会計担当者をその仕事上悩ませる。コストには，時間や能力のようなある他の要素に関連して結合しているものが少なくない。固定資産の原価を月次，年次，部門，製品に配賦することの問題は，根本的には連結原価計算の問題である。銀行勘定のようなサービスの単位原価を決定するという問題のような，連産品の原価計算の他の側面を描写する場合ためには，共通費（common cost）という用語が連結原価の代わりに用いられることがある。いかなる配賦方法

も恣意的である。なぜならば，多くの能力とサービスは，たくさんの収益創出活動によって共有されているからである。製造部門への支援部門費の再配賦の問題全体が，真に連結原価の問題である。」(Horngren, 1967, p. 425)

このようなとらえ方は，McFarland (1966) によってもなされている。原価の分離可能性に関する説明の中で，次のように指摘する。

「原価が個々のセグメントに個別的かつ明確に認識できる限り，その原価は分離可能（separable）である。ある所与のセグメントが存在しなくなると，そのセグメントの分離可能原価も全くなくなってしまう。……分離可能原価とは対照的に，連結原価は，結合的な性格を持つ1つあるいはそれ以上のセグメントがなくなっても変化しないままである。」(McFarland, 1966, pp. 41-42)

## 4.2 代替的な用語の利用

### (1) 代替可能な用語としての定義

共通費と連結原価を代替的に使う例は，Fremgenの1966年の著書*Managerial Cost Analysis*においても見受けられる。この著書の索引でjoint costを検索すると，cost, commonを見よ，と指示されている。共通費は，次のように解説されている。

「製造企業の中には，2つ以上の異なる製品が単一で共通的な製造プロセスと単一の原材料から生じる場合がある。……これらの製品は，共通のプロセスの終点（conclusion）においてのみ別々の製品であると認識される。この分離するポイントを分離点という。分離点までに発生した原価は真の（true）共通費である。この原価は直接的なないしは論理的な方法で個々の製品に跡づけることは出来ない。」(Fremgen, 1966, pp. 41-42)

同じように，Copeland and Sullivanの1977年の著書では，索引でjoint costを検索すると，common costを見よ，と指示されている。この著書では，「総合原価計算　正常減損，連産品原価および副産物の原価」という章で取り上げられている。

「2つ以上の異種の製品が単一の製造プロセスから製造される場合，共通製造原価（common production costs）をそれらの製品へ割り当てることは，会計担当者にとって様々な問題を提示する。第1に，各製品への原価の割当は，一般に財務会

計や報告の目的で必要となる。第2に，この割当（assignment）は，配賦（allocation）と考えなければならない。なぜならば，共通費は，定義上，跡づけ不能だからである。」(Copeland and Sullivan, 1977, p. 144)

### (2) 代替的な利用の例

70年代には，貢献利益法を解説した論文でこのような代替的な用語の利用が見られる。

たとえば，Weathers（1974）は**図表1－1**のような損益計算書を示している。common costとされるであろう部分が，連結原価とされている。

#### 図表1－1 ■Weathersの損益計算書

|  | 管理可能な原価 |  |  |
|---|---|---|---|
|  | セグメント長 | その他 | 合計 |
| 収益 | $3,840 | $ 470 | $4,310 |
| 直接帰属可能な原価<br>(Directly attributable costs)<br>（直接材料費，直接労務費，監督費，消耗品費，セグメント資産の減価償却費） | 1,367 | 35 | 1,402 |
| 直接貢献利益（Direct contirbution） | $2,473 | $ 435 | $2,908 |
| 客観的に跡づけ可能な原価<br>(Objectively traceable costs)<br>（振替品の原価，集中して購入した材料費，包装費，輸送費） | － | 456 | 456 |
| 跡づけ可能貢献利益<br>(Traceable contribution) |  | ($ 21) | $2,452 |
| 帰属可能原価（Ascribable costs）<br>（本社サービス，製品研究開発，製品広告） | － | 992 | 992 |
| 正味貢献利益（Net contribution） |  | ($1,013) | $1,460 |
| 連結原価<br>（本社管理費，企業広告，財務費用） | － | 680 | 680 |
| セグメント正味営業利益 | － | ($1,693) | $ 780 |

(出所：Weathers, 1974, p. 27)

このほかに，Wu（1975）は，損益計算書の中でセグメント・マージンに当たる貢献利益を，「連結原価を回収するための貢献額（contribution to absorb joint costs）」と表現している。いうまでもなく，セグメント・マージンは，セグメントの共通費を回収して全社的利益を生むための貢献額であり，この場合でも，共通費と連結原価を代替的に使用していることがわかる。

### 4.3 定義の拡張に見る連結概念

以上で見た論者たちの見解は，共通費を広い意味での連結原価と同義であると考えているといえる。ここでの主張は，原価を発生させる資源が，複数のアウトプットに対して共通に関連している場合，これを連結した状態と考えている。

ここでの拡張した概念は，連結原価の中に，先に見たPigouとTaussigの論争での争点にもなり，NACAが強調していた点，すなわち，経済性の観点からの連結性をも包摂していることになる。すなわち，共通費が発生する背景には，範囲の経済性を生かそうとする考え方や，アイドル・キャパシティをなるべく生じさせないというキャパシティ利用の考え方がある。これは，経済性を考慮に入れた経営者の意思決定の結果生じる関係性であり，もし経済性を考慮に入れない場合は生じない関係性である。たとえば，十分にキャパシティのある工場で，（アイドル・キャパシティが生じることをおそれずに）1つの製品だけを生産するといった場合には，共通費および連結原価の問題は生じないからである。

## 5  連結性の概念と連結原価，共通費

### 5.1  共通費と狭義の連結原価

先に見たように，連結原価の概念は1960年代には拡張され，共通費と交換して用いられるケースも見うけられた。それでは，連結原価と共通費というのは交換可能な概念なのだろうか？　ここでは，両者の関係をより明確にするために，ひとまず狭義の連結原価と共通費を分けて考えることにする。

狭義の連結原価と共通費を明確に分けるヒントになるのが，Bierman and Dyckman（1971）の指摘である。彼らの著書 *Managerial Cost Accounting* では，

「連結原価と連産品」という章が設けられている。ここでは，連結原価と共通費の類似性についてふれながらも，明確に定義を分けている。次のように述べている。

「この章では，2つの同類（similar）ではあるが基本的に異なるタイプの原価を取り上げる。連結原価と間接費である。連結原価はその基本的な性質によって製造要素から2つ以上の製品が製造されるという状況に関連している。この連結性は2つ以上の製品が存在することの結果であり，それらの異種製品は製造方法かあるいは原材料の性質の結果であって，両方を生産しようという経営者の意思決定の結果からではない。……しばしば，連結原価の生じる状況で，単一の製品を生産するということは，不経済である。
　一方間接費は，2つ以上の製品の製造の結果生じるが，複数の製品を製造するための生産要素を利用するという意思決定が，経営者の意思決定である。鉄道が間接費を引き起こす生産プロセスの例である。線路の原価は，貨物輸送と旅客輸送の両方にとっての間接費である。不幸なことに，連結原価と間接費の区別は，しばしばぼんやりしたものになっている。それは，両者が同時に含まれるからであるかもしれない。
　……2つ以上のタイプの製品が製造される場合に，最終製品では直に識別できない2つのタイプの原価（連結原価と間接費）が存在する。これらの原価はすべての製品に共通であるといえるだろう。したがって，実際上は『共通費（common costs）』という用語が，これらの両方のタイプの原価を描写するのに使用されることもある。」（Bierman and Dyckman, 1971, pp. 165-166）

連産品の場合に複数のアウトプットが生産されるのは，「両方を生産しようという経営者の意思決定の結果からではない」というところがポイントである。間接費や共通費とよばれるものは，ある意思決定の結果，それを発生させる資源が複数の（中間的な集計単位も含む）アウトプットに関連性を持つことになる。ある意思決定とは，複数のアウトプットを生産する，あるいは複数のセグメントを有する，という意思決定である。たとえば，単一の工程で単一の製品を生産しているような場合には，このような問題は起きない。工程が複数に分かれ，それを支援する共通の部門が存在する，あるいは複数種類の製品を製造する，という状況になると，間接費・共通費の問題が生じるのである。したがって，1つの論点は，共通的な資源というものが技術的・必然的に複数のアウトプッ

トに関連しているのか，ある意思決定の結果複数のアウトプットに関連してくるのか，という点である。これは，その資源が持つ技術的・物理的な属性によるものであろう。つまり，資源の性格上選択の余地がなくある資源から複数のアウトプットが生じる場合のその資源の原価が狭義の連結原価であるといえる。

## 5.2 2つの連結原価概念

### (1) 技術的連結原価と経済的連結原価

これまでの議論を整理すると，次のような分類が可能になる。

まず，連結原価には2種類のタイプがある。1つは，技術的連結原価ともよぶべきものである。食肉加工や，原油精製といった業界で発生するものがこれに当たる。物的な原材料から技術上選択の余地がなく異種製品が発生するような場合である。ここで発生する連結原価は，狭義の連結原価である。ここでの資源とアウトプットの間には，いわば技術的連結性が存在することになる。

今1つは，経済的連結原価とよぶべきものである。これは経済性の観点から，キャパシティの有効利用や，範囲の経済性を効かせるために，1つの経営資源から複数種のアウトプットを生産するという意思決定を行った場合に生じるものである。たとえば，複数の製品を製造する場合に，それぞれの製品毎に機械設備を準備せず，経済性の観点から1台の機械設備で製造を行う，という場合がこれに当てはまる。その設備の原価は各製品種にとって共通費になる。4で紹介した議論は，この観点から展開されている。この経済的連結原価は共通費と同義になる。アウトプットの結合的な供給は，経済性の観点から，経済的連結性が生じているのである。

### (2) 1910年代の論争と1960年代における概念の拡張の関係

先に取り上げたTaussigの議論からみると，技術的連結原価は，経済的連結原価の中に含まれることになる。その関係を示したのが，**図表1－2**である。技術的連結原価といえども，その原価が連結原価となるには，経済性の観点が必要になる。Taussigのいうように，アウトプットに需要の違いがあり，異なる製品として認められなければならない。また，たとえば牛を屠殺した場合に，サーロインの部分だけを取り出し，後の肉や皮，脂は捨ててしまう，というよ

うな場合には，連結原価の問題は生じない。経済性の観点から通常は各部位の肉や皮革，脂も製品としているのである。

図表1－2■経済的連結原価と技術的連結原価

(出所：高橋，2008a，94頁)

このように考えると，1910年代の論争においては，Pigouが技術的連結原価のみを連結原価と考え，Taussigは経済的連結原価を連結原価として考えていたということになる。そう考えると，Taussigは，いわゆる共通費をも連結原価の範疇に入れていたことになる。

以上の考察から，1960年代の連結原価概念の拡張に関する議論は，どのように位置づけることができるのであろうか？　連結原価と共通費を交換可能なものとする考え方は，連結性の概念を広くとっていることになる。つまりここでいう経済的連結性である。60年代の論者の主張は，Taussigの考え方に非常に近いものであると考えられる。

## 6　第1章の結語

以上本章では，連結原価に関する2つの大きな議論，1910年代の論争と1960年代の概念の拡張を軸に，キャパシティ・コストが有する連結性および共通性の概念について考察した。共通の資源から産出される複数のアウトプットに結合的な関係がある場合，その結合性には2つの要因がある。技術的要因と経済的要因である。

一般に連産品の原価計算の文脈で現れる連結原価は，この技術的要因から生

じるものである。連結原価を連産品に配賦する場合，結合性に対する投入と産出の因果関係が擬似的にも見つけられないため，例外的に価値回収的計算（負担力主義の計算）が認められることになる。

一方，多くの状況で共通費とされているものは経済的要因から生じるものである。全部原価計算の下で共通費を配賦するということは，その結合性になんらかの擬似的な因果関係を定めるということである。一方，直接原価計算の考え方では，原則としてそのような擬似的な因果関係は認めないので，配賦そのものを行わない，ということになる。

◆注
1 しかしながら，近年の英米の原価計算書では，この点を明確に指摘していないものもある。たとえば，Garrison, Noreen and Brewer（2008）では，「意思決定のための関連原価」という章で，連産品の原価計算が扱われている。

「共通のインプットから生産される2つ以上の製品は，連産品として知られている。分離点は連産品が別々の製品として認識できる生産プロセス上のポイントである。……連結原価という用語は，分離点までに発止する原価を描写するのに用いられる。」（Garrison, Noreen and Brewer, 2008, p. 597）

# 第2章

# 影響アプローチのメカニズム：
# 原価配賦と正義

## 1 はじめに

　キャパシティ・コストを計算処理上どう扱うのか？　これは管理会計の歴史でも，長らく論争になっている問題である。理論的には，意思決定や業績測定といった状況では原価計算対象（中間的なものも含む）に対して配賦しない，というのが一般的である。それらの目的のためには，経済的行為の写像としての原価情報が必要になるからである。配賦をしてしまうと，配賦基準に主観性や恣意性が介入し，その写像がゆがんでしまう可能性があるからである。これに対して，たとえばZimmerman (1979) は，実務で固定費が配賦されていることの説明として，配賦原価がモニタリングコストや遅延原価の代理変数となり得るということを論じている。これは，管理会計情報が，経済行為の厳密な写像であったり，組織や人の行動への影響要因であったり，というように状況によって求められているものが異なってくることを意味している。

　管理会計における情報作成のアプローチに，意思決定アプローチと影響アプローチがある。意思決定アプローチは，意思決定をより精度の高いものにするため，関連性の高い会計情報を提供しようとするものである。ある代替案をとることによって生じる収益や原価について，できる限り因果関係のある関連情報を提供しようとする。一方，影響アプローチは，従業員や組織をある方向に動機付けていくように会計情報を提供しようとするものである。動機付けをし，

行動に影響を与えることができれば，ある程度（状況によってはかなり）因果関係には目をつぶり，情報を作成・提供するものである。このアプローチでは，主に原価配賦方法の工夫によって情報が作成されている。

影響アプローチにおける原価情報の作成や，その効果については，たとえば廣本（1989）等によって紹介されている。しかしながら，どのようなメカニズムで影響アプローチが意図する効果を上げているのか，ということについての検討は少ない。

そこで，本章では，まず原価配賦がどのような目的で行われるのか，そして配賦基準はどのようにして選択されるのか，について検討する。そして，その原価配賦が，正義の観点から見るとどのように説明できるのかを検討する。最後に，影響アプローチにおける原価配賦が，正義の観点からどのように効果を上げるのかということを検討することとしたい。

## 2 原価配賦

### 2.1 原価配賦の目的

なぜ原価配賦は行われるのであろうか。Horngren and Foster（1987）は，原価を配賦する目的として，①資源配分のための経済的意思決定，②動機付け，③外部の利害関係者向けの利益と資産の測定，④原価補償，をあげている。

「資源配分のための経済的意思決定」は，利用可能な資源を製品間でいかに配賦するかを決定することである。製品選択の意思決定に用いられる。

「動機付け」は，コンピュータ，経理，市場調査，法務などのようなサービスの利用を促進あるいは自重させることである。企業の間接費支出の伸びを抑えようとする場合も含まれるという。

「外部の利害関係者向けの利益と資産の測定」とは，株主への報告や税務報告のための製品原価計算である。GAAPのもとで製造間接費を製品に配賦する。

「原価補償」とは，公正（fair）な価格の基礎とするために，製品やサービスに原価を計算することである。原価補償を必要とする軍との契約，病院，公共

事業において用いられる。

## 2.2 配賦基準の選択

### (1) 価値移転的原価計算と価値回収的原価計算

配賦基準は，原価計算がどのような計算原理に基づくかによって選択される。その考え方には，価値移転的原価計算と価値回収的原価計算がある。

岡本（2000）によれば，通常の原価計算は価値移転的原価計算である。これは，投入と産出の因果関係を重視し，投入された原価財の中に入っていた価値が製品へ移転したと考えて，その移転過程をできるだけ正確に捉えようとするものである。

一方，価値回収的原価計算とは，原価計算を負担力主義にもとづいて行うものである。原価を収益性の高い製品へ余分に負担させるというものである。これは，「ごくまれ」に採られる考え方である。

### (2) 配賦基準選択の基準

Horngren and Foster（1987）は，配賦基準選択のための基準として，次のようなものをあげる。①因果関係基準（cause and effect），②便益基準（benefit recieved），③公正基準（fairness or equity），④負担力基準（ability to bear），の4つである。

因果関係基準とは，コストプールのアウトプットを認識し，提供されたサービスに応じて原価を配賦するという基準である。製造間接費や非製造原価では，この因果関係を特定することは難しい。実務上は，原価計算対象と発生した原価との間に関係性があるものと見なしている。

便益基準とは，コストプールのアウトプットの受益関係を認識し，受けた便益に応じて原価を配賦するという基準である。Horngren and Foster（1987）が例としてあげているのは，全社的なイメージ広告の費用の配賦である。この場合，売上高の大きい事業部が売上高の小さい事業部よりもよりその広告からの便益を受けていると想定して（in belief），事業部の売上高で広告費を配賦するのである。

公正基準は，政府契約でよく引用されるものである。そこでは，原価配賦は

相互に満足のいく価格の設定の手段となる。この配賦は，契約を結んでいる団体の意思の中で販売価格を設定する方法として「合理的」あるいは「公正な」ものであると見られる。

負担力基準は，原価計算対象の負担力に応じて原価を配賦しようとするものである。例としてあげられているのが，本社の重役の給料を事業部の収益性を基準にして配賦するという場合である。これは，事業部の収益性が高ければ高いほど，本社の原価を回収する（absorb）能力が大きいという推測に基づいている。累進課税制度も同じ発想であるとしている。

因果関係基準と便益基準は，両者とも価値移転的計算における基準である。インプットとアウトプットの関係から原価を割り当てるという点から，同じ線上にあるものである。受益関係は，因果関係の代理変数となりうる。ある一定の便益に対する需要に応えるために経営資源が存在していると考えると，間接的ではあるが，便益の需要と原価の発生に対する因果関係があると考えられるからである。ただし，便益基準は，なにをもって・どの程度，原価計算対象が経営資源から便益を受けたと考えるのかによって，計算の結果に大きな幅ができる。つまり，配賦基準の選択や基準操業度の選択によって計算の結果に幅ができてしまう。

一方，公正基準と負担力基準は，価値回収的計算における基準である。つまり，企業の外部顧客からの原価の補償・回収を配賦の第一義にしている点からすると，共通点がある。公正基準では，契約者間でのある種の交渉によって配分額が決定されるので，その金額にはある程度の幅が出てくる。

通常，原価計算では，価値移転的計算の原理にしたがって計算が行われる。政策的な意図がある場合や，インプットとアウトプットの間に投入と産出の因果関係が見いだせない場合，といった，例外的な場合に価値回収的計算が行われる。前章で見たような，技術的連結原価を連産品に価値基準で配賦する，というのは，この最たる例である。

原価配賦の目的や手続について，Choudhury（1990）は正義の観点から説明しようと試みている。なぜ原価を配賦するのか，ということを正義の観点から説明しようとするのである。次に，この問題について，正義の議論を取り扱っている法哲学の理論を援用して検討する。

## 3　原価配賦と正義

### 3.1　原価配賦と正義の関係

Choudhury（1990）は，原価配賦と正義の問題について論じている。

> 「正義の結果は，たとえそれが論理的に弁護できることが必要となるような価値判断を伴うにしても，公的な領域であり，個人の領域ではない。
> ……注目すべき点は，原価配賦が，それによって影響される経営管理者の認識や反応に関係なく，バイアスのない観察者によって正当（just）と見なされる可能性があるかないかという問題に限定される。」（Choudhury, 1990, p. 219）

そして，原価配賦に関連する正義観念として，分配的正義（distributive justice），手続的正義（procedural justice）をあげている。前者は，原価配賦が経営管理者間に利益の再分配を行うという結果についての正当性の判断基準である。後者は，公平に配賦が行われるかというプロセスの正当性についての判断基準である。

正義という観念については，法哲学の分野で議論されている。法哲学では，法と正義の関係について，実定法の内容・実現について正義・不正義が論じられる。会計と同じく法も人工物である。原価配賦における正義を考えるために，法哲学における正義の考え方を見てみよう。

### 3.2　法哲学における正義の観念

田中（1994）は，法と正義の関係について，実定法の内容・実現について正義・不正義が論じられる場合の議論レベルを，適法的正義，形式的正義，実質的正義の三段階に区分してそれぞれの意義を概観し，続いて，法による正義の実現に関して重要な位置を占めている2つの観念，衡平（equity）と手続的正義について説明している。ここでは，適法的正義，形式的正義，実質的正義，そして手続的正義について概観する。

(1) 適法的正義

適法的正義では,実定法の内容自体の正・不正を問うことなく,もっぱらその規定するところが忠実に遵守されているかだけを問題とする(田中,1994,179頁)。法的安定・秩序・平和と同一視され,正義と対立する別個の法的価値として位置づけられるのが一般的であるという。

田中(1994)は,価値観が多元的に対立し流動的状況にある場合には,法の運用を硬直化させ,実質的正義の新しい要求に目を閉ざすことになりやすいとも指摘する(田中,1994,180頁)。

(2) 形式的正義

形式的定義とは,「等しきものは等しく,等しからざるものは等しからざるように取り扱え」という,古くからの定式によって表現される順形式的要請であるという(田中,1994,180頁)。形式的正義は,正義の概念を確定し,実質的正義に関するさまざまの見解・解釈をめぐる議論の共通基盤となっているとみるのが適切であるとする。一定の準則の存在,その準則の一般性と公平な適用という,3つの相互に関連した普遍主義適用性を内含している。形式的正義の以上のような規制作用は,実際上,何らかの実定法的規準あるいは実質的正義の要求と結びついて発揮されることが多いという(田中,1994,180-181頁)。

(3) 実質的正義

実質的正義とは,実定法の一定の内容や判決などの具体的な法的決定の正当性を評価・判定する実質的な価値規準のことであり,具体的正義ともよばれる。法について一般に正義・不正義が論じられる場合,このレベルでの議論であることがもっとも多いという(田中,1994,181頁)。

実質的正義は,それが問題となる社会関係の区分に対応して,社会成員間の利益と負担の割り当てに関する配分関係における正義と,並列個人間の利得と損失の調整に関する交換的関係における正義とに分けて論じられることが多いという。前者が配分的正義であり,後者が交換的(矯正的)正義である。

近代法の公法・私法二分論のもとでは,配分的正義が公法の正義,交換的・矯正的正義が法内在的で裁判官の正義としてみられてきた。しかし,公法と私

法との融合傾向が進むにつれて，私法の領域への配分的正義の影響が強まっており，交換的・矯正的正義の独自の存在理由も問い直されているという（田中，1994，182-183頁）。

田中（1994）は，現代法のもとでも，交換的・矯正的正義は，契約法と不法行為法という，私法の根幹的制度の基本的形態を基礎づけ，「いわば法内在的正義として，法的正義の不可欠の構成部分をなしているとみるべきである」としている（田中，1994，183頁）。

実質的正義，特に配分的正義の定式については，「各人に××に応じて」というものである。この××の具体的な規準を，「メリット（merit）」や「功績（desert）」とする考え方が，「功績原理」として扱われるものであるという。一方，現代福祉国家の下で広く受け入れられている定式は，「各人にその必要（needs）に応じて」というものである。前述の「功績原理」に対して，これは「必要原理」といわれる（田中，1994，184頁）。

### (4) 手続的正義

先に挙げた実質的正義が決定の結果の内容的正当性に関する要請であるのに対し，手続的正義は，決定に至るまでの手続過程に関するものである。その決定の利害関係者の各要求に公正な手続に則って公平な配慮を払うことを要請する。最近では，手続的正義の遵守自体が，その結果如何を問わず，別個独立の価値を持つことが一般に認められるようになっている（田中，1994，186頁）。

手続的正義では，①当事者の対等化と公正な機会の保障（手続的公正），②第三者の公平性・中立性，③理由づけられた議論と決定（手続的合理性）という三側面に関する手続的要請を中心に理解されている。しかしながら，このいずれの側面にウエイトを置くかは，議論領域や論者によってかなり見解が分かれているという。

手続的正義に関しては，手続的条件の充足と結果の内容的正当性との関連が重要な争点となっているという。ただし，田中（1994）は，手続的条件の充足と結果の内容的正当性との相互関係はかなり複雑であり，一義的に規定することは難しいとしている（田中，1994，187頁）。

## 3.3 原価配賦という行為と正義

### (1) 原価配賦の目的と正義

原価配賦と正義の関係を整理すると次のようになる。Horngren and Foster (1987) の示した目的のうち,「外部の利害関係者向けの利益と資産の測定」に関連するのは,田中 (1994) のいう法哲学における正義では適法的正義であろう。会計規則の正・不正を問うことなく,その規定するところが忠実に遵守されているかどうかだけを問題とするからである。

「資源配分のための経済的意思決定」のための原価配賦は,形式的正義,実質的正義および手続的正義が関連するであろう。前述のように,実質的正義はさらに配分的正義と交換的正義とに分類される。何らかの意思決定を行う場合,「等しきものは等しく,等しからざるものは等しからざるように扱え」という形式的正義に則った写像の結果をもって代替案間の比較を行うであろうし,このような写像の結果によって業績の比較も行われる。業績評価を資源配分の1つの仕組みであると考えた場合,業績尺度の信頼性を担保するものとして,実質的正義を構成する配分的正義と交換的正義が重要になってくるであろうし,評価に使われる尺度を決定するプロセス（原価配賦）が手続的正義を満たしているという成員間のコンセンサスも必要である。

「原価補償」では,交換的正義と手続的正義が関連してくる。原価補償のための価格設定は,組織間の利得と損失の調整手段に他ならないからである。

「動機付け」のための原価配賦にも,同じような説明がつくのだろうか？ 前述のように,管理会計情報を作成し伝達する場合,意思決定アプローチと影響アプローチの2つのアプローチがある。影響アプローチにおける原価配賦は,動機付けが目的である。この問題については,節を改めて検討する。

### (2) 配賦基準の選択と正義

原価配賦の手続と配分的正義と手続的正義の関係を見ると,次のようなことが言えるだろう。先に述べたHorngren and Foster (1987) の示した配賦基準選択の基準のうち,因果関係基準と便益基準は,田中 (1994) のいう社会成員間（企業の場合は企業成員間）の利益と負担の割当てに関する正義がその背後に

あると同時に，手続的公正と手続的合理性を満たそうとするものであると考えられる。また，公正基準と負担力基準は，田中（1994）のいう並列個人間（組織間の場合もありうる）の利得と損失の調整に関する交換関係における正義が背後にあると考えられる。

## 4　管理会計情報における影響アプローチ

### 4.1　意思決定アプローチと影響アプローチ

　廣本（1989）によれば，管理会計の役割，存在意義は，「経営管理者の意思決定に役立つ情報を提供するために存在する」という考え方と，「従業員によい仕事をしてもらうために存在する」という2つの考え方がある。前者を意思決定アプローチ，後者を影響アプローチとよぶ。これは，管理会計における情報ツールとしての原価計算の設計にかかわるアプローチであり，原価配分プロセスの設計に大きな影響を与える。
　意思決定アプローチでは，文字通り意思決定に有用な情報を作成・提供するアプローチである。このアプローチの情報は，意思決定上の代替案に関連する「正確な」情報である。このアプローチにおける原価情報については，原価計算対象の資源利用に基づいた価値移転的計算によって正確さが担保される。
　一方，影響アプローチでは，企業の構成員の行動に影響を与えるような情報を作成・提供する。このアプローチにおける原価情報は，必ずしも資源と原価計算対象の間に厳密な価値移転を描写したものでなくてもかまわない。構成員の行動を企業の意図する方向に向かわせるような動機付けのための情報が必要となる。前述のHorngren and Foster（1987）の原価配賦の目的のうち，動機付け，というのはこの影響アプローチでの原価配賦に該当する。

### 4.2　影響アプローチにおける管理会計システムの設計事例

　ここで，影響アプローチにおける管理会計システム，原価配賦の方法について見てみよう。

### (1) Tektronix社のABCシステム

影響アプローチによるABCシステム設計の例が，Cooper (1989) によって示されている。ここで紹介されているTektronix社のシンプルなABCシステムは，部品点数削減を促すための影響システムである。その構造は，**図表2－1**の通りである。

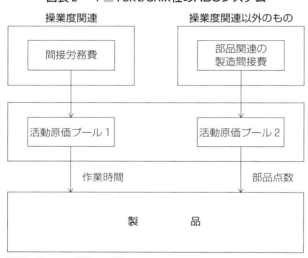

図表2－1 ■Tektronix社のABCシステム

（出所：Cooper, 1989, p. 41）

ここで見られる部品関連の製造間接費配賦のロジックは，次の通りである。

---
① 部品関連の製造間接費を部品種類数で除して1部品種当たりの原価を計算する。
② 部品種当たりの原価を，その部品の点数で除して，部品1点当たりの原価を計算する。
③ 部品の使用量にしたがって製品毎に製造間接費を配賦する。

---

この方法によって，使用量の少ない部品は単価が高くなり，多い部品は単価

が安くなる。具体的な計算例は，**図表2－2**の通りである。

### 図表2－2 ■Tektronix社における製造間接費の計算例

| | |
|---|---|
| 例）部品関連の年間製造間接費 | $60,000 |
| 部品種類数 | ÷100 |
| 部品種当たり原価 | $ 600 |
| 部品A（高頻度使用）　年間使用数 | 1,000 |
| 部品1点当たり原価 | $ 0.6 |
| 部品B（低頻度使用）　年間使用数 | 10 |
| 部品1点当たり原価 | $ 60 |

（出所：Cooper, 1989, p. 42）

　図表2－2の例によれば，部品Bを使用している製品のマネージャは，製造間接費が多く配賦されてくるのを嫌って，なるべく部品Bを使わないような設計の見直しを行う。その結果，全体として部品の使用種類が削減されることになる。最終的には，部品にかかわる複雑性のために生じる製造間接費が削減されることになる。

　この計算方法は，価値移転的計算を原則とする原価計算の論理からは外れている。部品関連の製造間接費は，さまざまな要因で発生しており，部品点数での配賦は，厳密にいえば資源利用を反映した計算になっていないからである。

　ただし，使用頻度の低い部品は，使用頻度の高い部品よりコスト高であるという直感を表しており，部品の共通化・標準化に，従業員を向けるという意味では，この計算方法は理にかなっている。

　このケースを取り上げたCooperは，次のように述べている。

　「TektronixにおけるABCは，比較的シンプルに保たれた。なぜなら，経営管理者たちは，部品点数を削減することがきわめて重要であると考えたからであった。彼らは，その原価システムが，製品設計者たちに何が戦略的に重要であるのか，この場合，具体的には，工場で利用する部品数を削減することであるが，それについて明確なメッセージを伝えるようにするために，2つのコスト・ドライバーだけを利用することがよいと考えたのであった。彼らは，もしもっと多くのドライバーを利用するなら，その戦略目標を達成しようとするプレッシャーが薄められるか，あるいはなくなってしまうことを懸念していた。そのような考え方によって，彼らは，

原価計算システムの正確性についてはあまり気にしていなかった。」(Cooper, 1989, p. 42)

### (2) 日立のVCR工場における製造間接費の配賦

Hiromoto (1988) では，1980年代の日立のVCR工場での事例が紹介されている。この事例は，前述のCooper (1989) の事例よりも，さらに影響システムとしての特徴が先鋭化しているものである。

非常に自動化が進んでいた工場において，製造間接費を直接労務費を基準にして配賦していた。価値移転的計算の考え方でいけば，自動化した工場の製造間接費の発生と，直接労務費との間には因果関係がない。なぜこのような計算を行ったのか？

当時の日立では，直接労務費の削減が継続的なコスト改善の本質であると考えていた。徹底した自動化が長期的な競争力を強化することにつながると考えていた。直接労務費を基準とした製造間接費の配賦は，この自動化を進めていくための強いインセンティヴを組織に徹底化することになった。

製品の製造プロセスに直接工がいれば，それだけ配賦されてくる製造間接費が多額になる。配賦額を下げるには，自動化を進めて，直接工を削減しなければならない。従業員に対して，製品やプロセスの設計の自発的な改善を促すことになる。

## 4.3 正義の観点から見た影響アプローチの意味

以上で見たように，影響アプローチでは，経営者の戦略の遂行に企業成員を向かわせる動機付けのための計算であるため，原価計算の原則である価値移転的計算に則った計算は必ずしも行われない。Tektronixの事例は多少価値移転的計算の原則に則った部分もあるが，日立の事例は完全に外れている。

影響アプローチを象徴するこの2つの事例に共通するのは，原価配賦によって経営者が意図する方向に組織成員を誘引し，組織全体の利益に結びつけているという点である。

これは，原価配賦の計算結果が実質的正義，特に配分的正義における「功績原理」の要件を満たしているというよりも，その計算結果によって引き起こさ

れる行動によって「功績原理」を満たす方向に組織成員が動いていく，ということを意味している。部品点数を減らす，あるいは直接工を削減する，という行動はある種の「功績原理」の追求であり，影響アプローチによる原価配賦が配分的正義を実現させるために組織成員を動かしている，ということができる。すなわち，影響アプローチでは，実質的正義（配分的正義）へ向かおうとする組織成員の特性を使って，組織全体の利益を向上させることをねらっていることになる。ただし，組織成員が「功績原理」と追求しないような組織文化・風土であれば，このようなストーリーは実現しない。言い換えると，何かしらの「正義」を求める組織文化・風土でないと，影響アプローチは機能しないということである。

## 5　第2章の結語

　本章では，影響アプローチにおける原価配賦が正義の観点からどのように説明できるのかを検討した。
　原価配賦という行為は，形式的正義，実質的正義および手続的正義の観点から行われる。財務諸表作成，意思決定，原価補償といった目的においては，これらの正義を満たしているかが，原価配賦の価値判断基準となる。
　一方，動機付けの目的で行われる原価配賦は，正義がその価値判断基準そのものであるというよりも，組織成員が正義の要件を満たそうとする特性を利用することで，組織の利益を実現しようとするものである。その正義の要件を満たそうとするプロセスこそが，影響アプローチの意図するところなのである。逆に，組織の構成員が正義の要件を満たそうとしない場合には，影響アプローチによる原価配賦は効果を生まないおそれがある。そればかりか，逆機能を生じることにもなりかねない。言い換えると，このような効果をねらった配賦は，他の企業で成功した形だけを真似しても，組織文化が違えば，同じ効果が得られるとは限らないのである。

# 第3章

# キャパシティの意思決定と
# アイドル・キャパシティの発生

## 1 はじめに

　キャパシティ・コストの問題のうち，長らく懸案とされてきた問題は，アイドル・キャパシティ・コストの存在である。アイドル・キャパシティ・コストは，時として企業経営を大きく圧迫する。本章では，キャパシティ・コストの発生源であるキャパシティの測定に対して若干の考察を加える。

　繰り返しになるが，キャパシティ・コストは企業がいつでも企業活動を行うことができるような能力を維持しておくための原価である。その対になる概念がアクティビティ・コストである。これは企業の業務活動によって生じる原価である。このアクティビティ・コストはそれを発生させる活動を削減することで原価の発生額を削減することができるため，日々の業務において（つまり短期的な視点で）コスト・マネジメントが可能である。一方，キャパシティ・コストの場合，日々の業務においてコスト・マネジメントを行おうとすると，キャパシティの利用度を高めて原価効率を高めることしかできない。これは，キャパシティ・コストが期間の差こそあれ過去の意思決定に拘束された原価という性格を持ち合わせているからである[1]。したがって，キャパシティ・コストを管理するということは，意思決定の段階での管理と，日々の業務での利用度の最大化である。

　キャパシティ・コストの管理において問題になるのは，アイドル・キャパシ

ティの発生である。これは，現状の活動量が計画活動量を下回るために発生するものであり，意思決定段階で適正な規模のキャパシティを獲得したのか，という問題と，日々の利用度が適正であるのかどうかという問題に帰着するものと思われる。そこで本章では，キャパシティ・サイズの意思決定のパターンとアイドル・キャパシティの発生との関係について考察する。

## 2 意思決定のパターンとアイドル・キャパシティの発生

### 2.1 需要とキャパシティの拡張政策～ Hayes and Wheelwright (1984) のモデル

　Hayes and Wheelwright (1984) によれば，キャパシティを拡張する戦略には，キャパシティの変更を需要の変化に合わせるタイミングによって，3つの政策があるという。(a)キャパシティが需要に先行する (capacity leads demand) 政策，(b)キャパシティと需要とを均衡させる (capacity in approximate equilibrium with demand) 政策，(c)需要にキャパシティが続く (capacity lags demand) 政策，である (Hayes and Wheelwright, 1984, pp. 48-49)。それぞれのパターンは，**図表3－1**のように表される。

#### (1) キャパシティが需要に先行する政策

　(a)の政策は，キャパシティの不足を常に回避する政策である。これは，既存の顧客から突然大きな注文が来たり，新しい顧客から初めての注文があったりといった，企業が予期せぬ需要が発生した場合に，それに対応しようとすることから採られる政策である (Hayes and Wheelwright, 1984, p. 48)。また，キャパシティ不足から来る生産スケジュールの組み直し等による時間外労働や他の顧客への配送の中止といったものを回避し，より早い配送をすることができるようになる (Hayes and Wheelwright, 1984, pp. 48-49)。この政策によって，成長市場において，適切だと考えられるサービスを受けていない新しい顧客の事業を，企業が取り込むことができるようになるかもしれない。なぜなら，競争者

第3章 キャパシティの意思決定とアイドル・キャパシティの発生　43

### 図表3－1■需要とキャパシティの関係

(a) キャパシティが需要に先行する政策

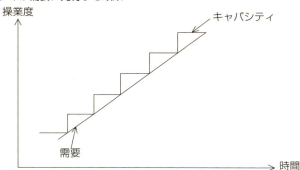

(b) キャパシティと需要とを均衡させる政策

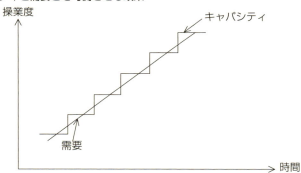

(c) 需要にキャパシティが続く政策

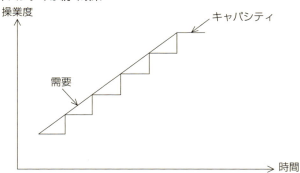

(出所：Hayes and Wheelwright, 1984, pp. 48-49)

は，キャパシティの制約があるために，先にあげたような迅速な配送ができないからである。この政策は，成長市場において短期的な収益性に重点を置いている競争者から，マーケットシェアを奪い取ることができ，長期的な市場ポジションにおいてより大きいROIが得られることになるという（Hayes and Wheelwright, 1984, p. 49）。

### (2) キャパシティを需要と均衡させる政策

(b)の政策は，予測にしたがってキャパシティを構築していく政策である。予測される需要に対して生産キャパシティをできるだけ合わせていこうとする政策である。これは，次のような企業の行動として説明されている（Hayes and Wheelwright, 1984, p. 50）。

たとえば，企業の現状のキャパシティが3年間で耐用年数が終了し，新しい工場が建設されるリードタイムが2年であるとすると，その企業は約1年間新しい工場の建設を遅らせるかもしれない。もし，需要が急激に予想を超えて大きくなった場合，あるいは建設期間が予想よりも長くなってしまった場合，需要がキャパシティを越えてしまい，既存の生産能力を拡張したり，外部の企業に不足分を外注するといった処置をしなければ，販売の機会を逸してしまうということがわかるであろう。逆に，需要が予想よりも小さいことがわかった場合，企業は余剰キャパシティを最小化するために，建設のリードタイムを引き延ばすことになるという。

しかしながら，企業ではおおむね，超過キャパシティと生産能力不足の見込みが同じであるような，「ほぼ適正なキャパシティ量（"about the right amount of capacity"）」を持つ傾向にあるという（Hayes and Wheelwright, 1984, p. 50）。

### (3) 需要にキャパシティが続く政策

(c)の政策は，キャパシティ利用を最大化する政策であり，時として保守的な政策とよばれることがあるという。この政策のもとでは，企業のキャパシティ利用度が大きいため，製造に関する投資からのリターンは，利用度の低い企業よりも大きなものとなる。加えて，新しいキャパシティが追加されると，すぐに完全利用になるという傾向があるという。一方で，需要を満たせずに販売機

会を逃すことで，企業の市場でのポジションがゆっくり低下していくかもしれない。この理由から，このような政策は保守的であるとはいえないと指摘している（Hayes and Wheelwright, 1984, p. 50）。

## 2.2 需要の後退とキャパシティの削減〜Olhager et al. (2001) のモデル

Olhager et al.（2001）は，これに，需要が下降していくパターンを加えてさらに考察を加えている。前述したように，企業にとってより深刻なのは，需要が上昇していく状況ではなく，需要が減退していく状況である。その状況では，どのようにキャパシティを準備していくのか，ということが重要になる。

Olhager et al.（2001）のモデルにおける意思決定のパターンは，Hayes and Wheelwrightモデルと同じく，①需要をリードする（Capacity leading demand）パターンと，②需要から導かれる（Capacity lagging demand）パターン，③需要を追跡していくパターン（Capacity tracking demand）とに大別できる（**図表3−2**）。Hayes and Wheelwrightモデルとは順番が異なるが，これは，①と②の政策を比較することから分析を始めているためである。

Olhager et al.（2001）によると，需要をリードする戦略の目的は，キャパシティにある程度のクッションを持たせることである。それにより，営業量に柔軟性を持たせることやリードタイムにおける信頼性を確保できるという（Olhager et al., 2001, p. 218）。需要が増え続けるならば，キャパシティは需要予測に加えられていくことになる。しかし，図からわかるように，需要が減少している場合，キャパシティクッションを保持するという目的によって，キャパシティの削減がキャパシティクッションの維持を危険にさらさずに行われるようになるまで，キャパシティを減少させず，意思決定行動を遅れさせてしまうという（Olhager et al., 2001, p. 218）。

需要から導かれるパターンは，需要が減少しているときには，挑戦的な戦略であると指摘する。なぜならば，その利用度がまだ高いときにキャパシティを減少させるという意思決定が行われるべきであるからであるという（Olhager et al., 2001, p. 218）。このパターンは，先のHayes and Wheelwrightモデルでも，保守的とはいえない政策であると指摘されていたが，需要が下降する状況を考慮に入れた場合には，「挑戦的」でさえあるということである。

### 図表 3 − 2 ■需要と意思決定のパターン

① 需要をリードするパターン

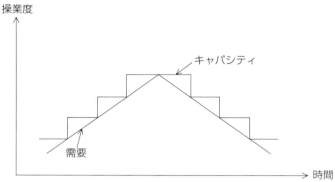

② 需要から導かれるパターン

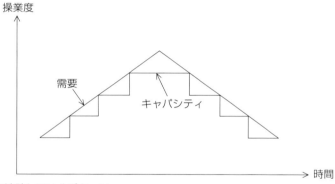

③ 需要を追跡していくパターン

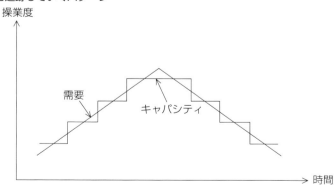

(出所：Olhager et al., 2001, p. 218)

需要が上昇していく場合と同様に，需要が下降していく場合に，②と③のパターンでは，キャパシティが需要を満たしていない状況がある。②のパターンでは，キャパシティを縮小した時点が100％の利用度で，次の縮小までキャパシティ不足が続いていく。③のパターンでは，キャパシティを縮小した時点からキャパシティ不足になり，ある時点から次の縮小時点まで，キャパシティが過剰になる。

## 2.3　需要への対応とキャパシティのクッション

### (1)　キャパシティ・クッションの類型

Hayes and Wheelwright (1984) は，キャパシティを「企業が市場の需要に応える能力」であると定義し，この能力には，顧客の需要への反応の速さ，コスト，柔軟性，陳腐化のリスクといった要素が含まれているとする (Hayes and Wheelwright, 1984, p. 50)。これらの要素にはトレードオフの関係がある。

先に挙げた意思決定のパターンのうち，需要に先行してキャパシティを持つパターン (Olhager et al.のモデルでは①, Hayes and Wheelwrightのモデルでは(a)) では，キャパシティを拡張した時点から需要がキャパシティに追いつくまで，未利用キャパシティを抱えることになる。会計的には，多額の操業度差異が利益を圧迫することになるので，企業に力がない場合には，避けるべきパターンである。また，半導体のような先端技術の製品では，需要がキャパシティと均衡するようになる前に設備等の陳腐化が始まってしまうことも考えられるので，このような場合には先行して投資するというのはリスクが大きい。

未利用キャパシティの発生をできるだけ回避しようとするならば，キャパシティの利用度を高めようというパターン (Olhager等のモデルの②と③，Hayes and Wheelwrightのモデルでは(b)と(c)) を採ることになる。これらの政策では，そのままでは需要に応えられない状態があるため，何らかの方法でキャパシティ不足を解消して販売機会を逃さないようにしなければならない。したがって，需要と現有キャパシティを合わせるためのクッションが必要になる。Hayes and Wheelwright (1984) によれば，このクッションには，次の4つがあるという。

① 在庫を持つ

　在庫を持つことで，需要に対して素早く対応することができるという。当然，これは需要水準が低い間に，需要が大きくなることを見越して生産をしておくことになる。ただし，需要予測が誤っていた場合，陳腐化した製品を抱え込むというリスクを背負ってしまう可能性があると指摘する (Hayes and Wheelwright, 1984, p. 50)。

② 生産資源を持つ

　工場スペースや，設備，人員，システムなどを保有することである。これは，在庫を持っている場合よりも対応のスピードは落ちるが，より一般的な考え方である。陳腐化した製品在庫を保有するリスクがない代わりに，未利用キャパシティから原価を発生させてしまうことになる (Hayes and Wheelwright, 1984, p. 51)。もちろん，工場や設備だけをキャパシティのクッションとして保有することは可能である。需要が具体的になったときに，超過勤務や人員の雇用によってそれに対応することになる (Hayes and Wheelwright, 1984, p. 51)。

③ 設備投資用のキャッシュを持つ

　これは，キャパシティのクッションを，工場や設備の拡張のために特別に予定したキャッシュの形で保有するというものである。需要への対応は遅いものの，拘束された投資をより少なくし，生産不能率のリスクや製品陳腐化のリスクをもっとも少なくするものであるという。特別な勘定にこのキャッシュが計上されていれば，意思決定手続きが早くなる。需要への対応は遅いものの，企業の資源を既存の顧客あるいは潜在的な顧客のニーズに合わせるというチャネリングのプロセスはスピードアップされると指摘する (Hayes and Wheelwright, 1984, p. 51)。

④ 一般目的のキャッシュを持つ

　キャパシティのクッションとして，一般目的のキャッシュを持っておくというものである。これはもっとも効率の悪い方法だとされる。③と違って使途が限定されていないため，あるキャパシティ拡張の案件が持ち上がった場合，企

業内の他のプロジェクト等と，資金の獲得競争が起こることになる。工場や設備への資金の使用が権威付けされるプロセスは，数ヵ月にもわたるかもしれないし，結果として資金が獲得できない場合もあるという（Hayes and Wheelwright, 1984, p. 51）。

(2) キャパシティ・クッションとアイドル・キャパシティ

これらの方法は，①から順に，顧客（需要）への対応の早さとそれに伴うリスクの大きさの順になっている。

①の方法は，迅速な配送という点からは有利ではあるが，陳腐化のリスクが大きい。一方，④の方法は，①のようなリスクは背負わなくてすむが，需要への対応は非常に遅く，販売機会をまったく逃してしまう可能性が高い。この2つの両極の間にあるのが②と③の方法であり，これがバランスのとれた方法であると考えられる。ただし，②の方法をとると，ある程度のアイドル・キャパシティを抱えてしまうことになる。したがって，②の方法は，キャパシティ・クッションとしてのアイドル・キャパシティを利用することになる。

そこで，次の節では，アイドル・キャパシティの分類と測定について検討することにする。

## 3 アイドル・キャパシティの測定と分類

### 3.1 CAM-Iのキャパシティ・モデルとアイドル・キャパシティの分類

Klammer（1996）は，キャパシティを非常に詳細に測定するCAM-Iのキャパシティ・モデルを提示している（**図表3－3**）。この図の高さは，理論的生産能力を示している。

このモデルでは，アイドル・キャパシティの内容を3つに分類している。

「市場性があるアイドル・キャパシティ」とは，現在は未利用であるが，アウトプットに対する市場が存在し，注文を獲得すれば利用することが可能になるキャパシティのことである。

## 図表3-3 CAM-Iのキャパシティ・モデル

| 理論的生産能力 | アイドル (Idle) | 市場性がない (Not marketable) |
|---|---|---|
| | | オフ・リミット (Off-limits) |
| | | 市場性がある (Marketable) |
| | 非生産的 (Non-productive) | 待機 (Standby) |
| | | 浪費 (Waste) |
| | | 保全 (Maintenance) |
| | | 段取 (Setups) |
| | 生産的 (Productive) | プロセス開発 (Process Development) |
| | | 製品開発 (Product Development) |
| | | 製品の製造 (Good Product) |

(出所:Klammer, 1996, p.17より一部修正)

「市場性がないアイドル・キャパシティ」とは,市場が存在しないか,または経営者がその市場には参入しないという戦略的な意思決定をした結果アイドルとなっている部分である。市場性のあるものに転換するには,追加的な投資が必要になる場合もあるため,アップグレードするか廃棄するかは,よく考えなければならない。

「オフ・リミットなアイドル・キャパシティ」とは,政府の規制,経営政策,契約等といった様々な理由で利用できないキャパシティである。具体的には,休日の確保による休止や,環境保護のための工場の停止などである(Klammer, 1996, pp. 29-32)。

このようにアイドル・キャパシティの内容を吟味することによって,現状で利用可能であるがアイドルとなっているキャパシティを抽出することができる。したがって,新規の設備投資を行うことなく利用できるキャパシティが把握できる。

また,このモデルでは,図における生産的キャパシティ+非生産的キャパシティ+市場性があるアイドルキャパシティを実際的生産能力(practical capacity)としている(Klammer, 1996, p. 17)。

## 3.2 アイドル・キャパシティ・コストの測定とキャパシティ・モデルの再構成

### (1) キャパシティ・モデルの再構成

CAM-Iモデルの内,「製品の製造」キャパシティが,実際に需要に対応して生産した生産数量を表している。本章での関心は,需要に対してどのようにキャパシティを利用するのか,ということであるので,問題になるのは,「製品の製造」キャパシティ以外のキャパシティ部分である。

CAM-Iモデルでいう実際的生産能力は,筆者の親しんでいる用法とは異なる。実際的生産能力は,一般には,実現可能な最大生産能力を表す。たとえば,岡本 (2000) によれば,実際的生産能力は「理論的生産能力から,機械の故障,修繕,段取,不良材料,工具の欠勤,休暇など,不可避的な作業休止による生産量の減少分を差し引いてえられる」生産能力であるとしている(岡本, 2000, 165頁)。これにしたがって,CAM-Iモデルを再構成すると**図表3－4**のようになる。CAM-Iモデルとの対照を考え,部分的にCAM-Iモデルと同じ名称を使う。

**図表3－4** ■再構成したキャパシティ・モデル

| 理論的生産能力 | 不可避な生産停止 | 生産準備 | 待機 |  |
|---|---|---|---|---|
|  |  |  | 浪費 |  |
|  |  |  | 保全 |  |
|  |  |  | 段取 |  |
|  |  |  | プロセス開発 |  |
|  |  |  | 製品開発 |  |
|  |  | アイドル | 政策によるアイドル | 市場性がない |
|  |  |  |  | オフ・リミット |
|  |  |  | 市場性があるアイドル・キャパシティ |  |
|  | 実際的生産能力 | 製品の製造 |  |  |

(出所:高橋, 2005, 160頁を一部修正)

実際的生産能力は，理論的生産能力から不可避な操業停止分を差し引いたものであるため，実際に良品が生産される数量と，市場性があるアイドル・キャパシティから構成される[2]。

　市場性がないアイドル・キャパシティとオフ・リミットのアイドル・キャパシティは，企業の政策か，自治体・政府の政策や法令によってアイドルになっているものなので，これは「政策によるアイドル・キャパシティ」と名付けることができる。また，「非生産的」とされていた部分と，「プロセス開発」および「製品開発」という部分は，実際に製品を生産するために利用される部分ではないが，生産準備のために必要な部分であるため，ここでは1つにまとめて，「生産準備」のキャパシティと名付けておこう[3]。

　再構成したモデルでは，アイドル・キャパシティが連続した一塊のものとして一覧できるように，「政策によるアイドル」キャパシティと，実際的生産能力の中の「市場性があるアイドル・キャパシティ」を順に記載している。

(2) アイドル・キャパシティ・コストの測定

　アイドル・キャパシティ・コストは，具体的には操業度差異によって測定される[4]。

　市場性があるアイドル・キャパシティが，需要を掘り起こせないで未利用になっているとすれば，生産計画は「製品の製造」のキャパシティをもとにして立てることになる。実際の生産量がこれに満たない場合，ここでいう実際的生産能力と実際生産量との差である操業度差異は，利用可能ではあるが，計画の段階から未利用になることがわかっていた部分（市場性があるアイドル・キャパシティ）と，計画生産量と実際生産量の差分が含まれることになる[5]（**図表3－5**）。

第3章 キャパシティの意思決定とアイドル・キャパシティの発生　53

図表3－5■操業度差異の内訳

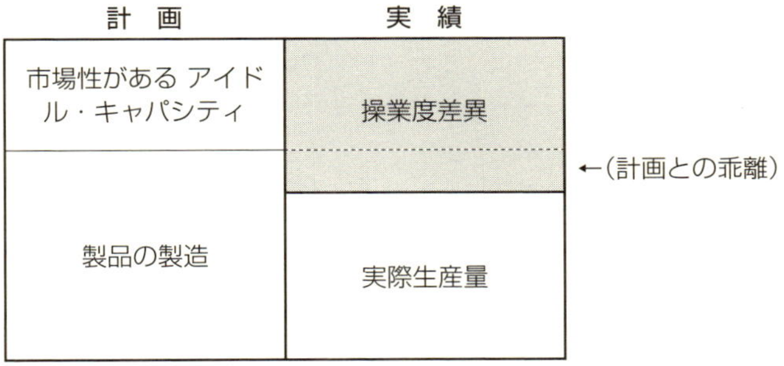

| 計　画 | 実　績 |
|---|---|
| 市場性がある アイドル・キャパシティ | 操業度差異 ←（計画との乖離） |
| 製品の製造 | 実際生産量 |

（出所：高橋，2005，161頁を一部修正）

　理論的生産能力を基準操業度にした場合には，この操業度差異に「政策によるアイドル・キャパシティ」と「生産準備のキャパシティ」の部分が加わることになる。この操業度差異は，未利用キャパシティをすべて含むことになる（**図表3－6**）。

図表3－6■理論的生産能力と操業度差異

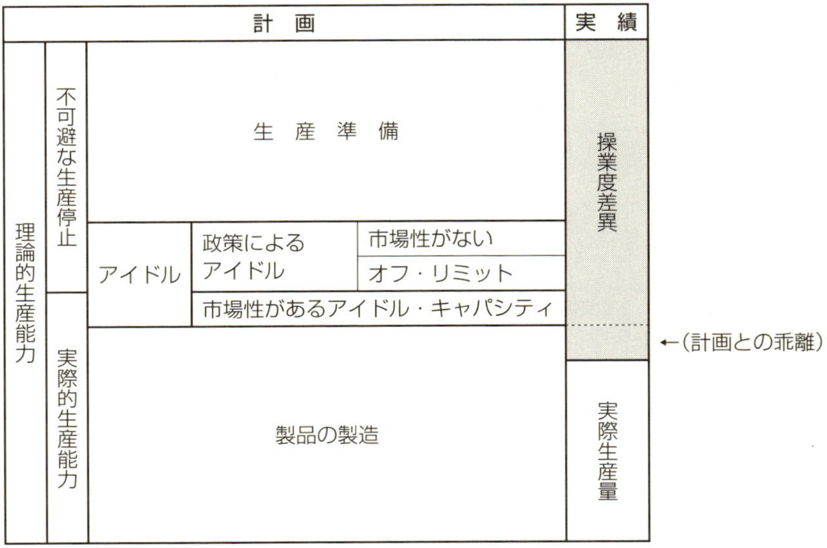

| | | 計　画 | | 実　績 |
|---|---|---|---|---|
| 理論的生産能力 | 不可避な生産停止 | 生産準備 | | 操業度差異 |
| | アイドル | 政策によるアイドル | 市場性がない | |
| | | | オフ・リミット | |
| | | 市場性があるアイドル・キャパシティ | | ←（計画との乖離） |
| | 実際的生産能力 | 製品の製造 | | 実際生産量 |

（出所：高橋，2005，161頁を一部修正）

## 4 キャパシティ・クッションとしての未利用キャパシティの利用

### 4.1 生産可能能力の拡張

前述の意思決定パターンのうち，需要から導かれるパターンおよび需要を追跡していくパターンでは，ある一定期間需要がキャパシティを上回る状態がある。新たにキャパシティを追加するまで先に述べたような在庫を持つといったようなキャパシティ・クッションを持たなければならないが，未利用キャパシティの生産可能能力への転換によってその期間を短縮することができる。

キャパシティの絶対量を増加させることなく生産可能能力を高めるためには，生産可能な状態にない能力を生産可能な状態にする必要がある。図表3－6で示された操業度差異（未利用キャパシティ）のうち，計画との乖離による部分と，市場性があるアイドル・キャパシティは，需要さえ満たすことができれば生産可能な能力である[6]。これ以外の部分を生産可能能力に転換する必要がある。その優先順を示したのが，**図表3－7**である。

**図表3－7 ■操業度差異の内訳**

| 操業度差異の内訳 ||| 転換の優先順 |
|---|---|---|---|
| 生 産 準 備 ||| ① |
| アイドル | 政策による アイドル | 市場性がない | ② |
| | | オフ・リミット | ③ |
| | 市場性があるアイドル・キャパシティ || |
| 計画販売量との乖離 ||| |

（出所：高橋，2005，162頁）

図表3－7にあるように，転換の優先順は，①生産準備，②市場性がないアイドル・キャパシティ，③オフ・リミットのアイドル・キャパシティの順になる。このうち，オフ・リミットのアイドル・キャパシティを転換させるのは非常に難しい。また，市場性がないアイドル・キャパシティの場合は，前述のように転換の際にキャパシティの追加が必要になる可能性があるので注意が必要である。

転換が相対的に容易なのは生産準備のキャパシティである。理論的生産能力を基準操業度にした場合のメリットは，この部分を測定できるという点にある。工程の開発と改善による段取り時間の短縮などが代表的な例である。ただし，これらの生産準備には，トレードオフの関係にあるものがあることに注意を要する。たとえば，生産停止を防ぐために保全活動を徹底させた場合，保全活動自体にかかる時間が防止できた生産停止時間を超えてしまえば意味がない。また，生産準備の活動の中でどのような転換の優先順位がづけられるのかということは，業種や業態によっても異なってくるであろう。これは詳細な場合分けが必要になる。

## 4.2　生産可能キャパシティへの転換とその効果

現状では生産不能なキャパシティのうち，生産可能なキャパシティへ転換した部分が，前述のキャパシティ・クッションとなる。この結果，現状のキャパシティで需要に対応できない部分について，なんらかのキャパシティ・クッションで対応しなければならない期間は短縮される。**図表3－8**でいうと，$T_1$から$T_2$の間ということになる。

図表3－8を水平方向に反転させると，キャパシティを削減させていく場合にも同じような説明ができる。

**図表3－9**によれば，キャパシティ・クッションが必要になるのは，$T_1$から$T_2$の区間に短縮されることがわかる。

**図表 3 − 8 ■需要から導かれるパターン(2)-1**

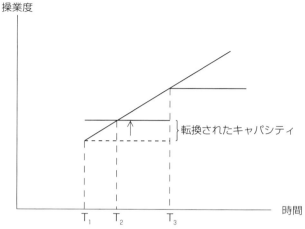

（出所：高橋，2005，163頁）

**図表 3 − 9 ■需要から導かれるパターン(2)-2**

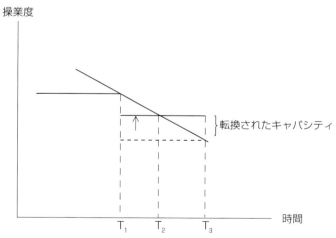

（出所：高橋，2005，163頁）

## 5 第3章の結語

　本章では，キャパシティ・コストのマネジメントとして，キャパシティ自体のサイズの決定の問題と，現有キャパシティの生産可能能力の拡張の問題について，簡単に考察を加えた。CAM-Iのキャパシティ・モデルを再構成した際，生産準備キャパシティというグループを作った。この部分の内容および生産可能能力への転換について精査を行う必要がある。このグループ内でも，工程の設計にかかわる部分（たとえば「プロセス開発」であるとか「製品開発」）とその他の部分（段取等）との間にはトレードオフの関係があることは想像に難くない。たとえば，工程の組み方によって段取時間が影響すると考えられるからである。「生産準備」と括った要素間の相互関係を精査し，その中で新たなグルーピングを考える必要がある。これにより，意思決定と需要のパターンで見ることができたキャパシティ・クッションの最適なサイズを見いだすことができるようになると思われる。

◆注
1　ここでいう「拘束」とは，日々の業務量に対しては可変ではないという意味である。マネジド・キャパシティ・コストは，計画によって支出額が決定されるため，該当する計画期間においてはその決定に拘束されていることになる。
2　市場の需要との関連があるため，ここでいう「製品の製造」キャパシティは，平均操業度や期待実際操業度と近いものである。
3　ここでは，未利用キャパシティを，アイドル・キャパシティとそれ以外の部分に分離することが主な目的である。ここで1つのグループにした「生産準備」キャパシティの中身についてはさらに吟味する必要がある。
4　もちろん，これは実際的生産能力あるいは理論的生産能力を基準操業度とした場合である。平均操業度や期待実際操業度における操業度差異は，計画と実績の（固定費部分における）乖離を示しているにすぎない。
5　操業度差異には，常に「市場性があるアイドル・キャパシティ」部分が入り込むことになる。
6　先に述べたHayes and Wheelwright (1984) やOlhager et al. (2001) の意思決定パターンでいうと，市場性があるアイドル・キャパシティと計画との乖離からくる未利用キャパシティの部分は，需要をリードするパターンであれば，キャパシティサイズが変更になった時点では大きく存在するが，需要が増加するにつれて解消されていくものである。

# アイドル・キャパシティの会計的測定と活用

## 1 はじめに

　前章では，アイドル・キャパシティ・コストの測定，アイドル・キャパシティの属性の定義，キャパシティ・モデルの再構成について検討した。操業度不足からくるアイドル・キャパシティとそのコストは，不況下において企業経営を圧迫する。この問題は古くて新しい問題であり，不況が訪れるたびに企業を悩ませてきた。アイドル・キャパシティをいかにして削減するか，また，いかにして生産に寄与するキャパシティに転換するのか，ということが重要となってくる。

　この問題について，本章では，アイドル・キャパシティの会計的な測定とその活用について検討する。

## 2 アイドル・キャパシティの捕捉と会計

### 2.1 アイドル・キャパシティ・コストの測定

(1) 操業度差異の役割

　アイドル・キャパシティ・コストはどのように測定されるのか。

伝統的な原価計算では，基準操業度を理論的生産能力あるいは実際的生産能力とした場合の操業度差異がアイドル・キャパシティ・コストに該当する。周知のように，操業度差異は，基準操業度と実際操業度の乖離を，固定費率を乗じることによって金額化したものである。基準操業度として平均操業度や期待実際操業度が採用されるようになるにつれ，操業度差異がアイドル・キャパシティ・コストを表す，という役割は段々と減少していった。平均操業度や期待実際操業度を基準操業度とした場合の操業度差異は，平均との乖離を示しているにすぎないからである。

### (2) 能力原価計算

その一方で，アイドル・キャパシティ・コストを積極的に把握しようとしたものに，Jones (1957) の能力原価計算 (capacity costing) がある。能力原価計算とは，すべての変動費に加え，固定費のうち利用された部分を製品原価に含めるという方法である。実際的生産能力を基準として，不働能力費を測定する。**図表4－1**の損益計算書において，売上総利益の下にある製造固定費という欄が，不働能力費を表している。固定費全体が$200で，操業度（製造量）80％の時の不働能力費が$40，操業度が40％の時の不働能力費が$120である。

### (3) 時間指向の会計

Wycoff (1974) は，直接原価計算における原価概念，直接費（変動費）と期間原価（固定費）(direct (variable) cost and period (fixed) cost) に，第3のカテゴリーである不働費 (idle expense) を加えようと提案する。製造活動において設備の利用を大きくすればするほど，利益の機会は大きくなるのだが，通常は，生産能力が継続的に利用されることはないので，オペレーティング・コストと不働費を分離して考えることは意味のあることである。そして，不働費が大きい場合には，活動を通じてその改修策を明確にする必要性が高まる。そこで，不働費を常に目に見えるようにしておき，削減によって改善していかねばならないと指摘するのである（Wycoff, 1974, p. 36）。

Wycoff (1974) の主張の中で特徴的なのは，原価概念である。直接原価は，製造量に比例するものや時間の増加に関連するものが含まれるという。また，

## 図表4-1 ■能力原価計算の損益計算書

**販売量と生産量が**
**　正常（80％のキャパシティ）な場合**

| | | |
|---|---:|---:|
| 売上高 | | $1,000 |
| 売上原価　変動費 | $600 | |
| 　　　　　固定費 | 160 | |
| 　　　　　合計 | $760 | 760 |
| 　売上総利益 | | $ 240 |
| 製造固定費 | $ 40 | |
| 販管費 | 100 | 140 |
| 　営業利益 | | $ 100 |

**販売量が正常で，**
**　製造量が半分（40％）の場合**

| | | |
|---|---:|---:|
| 売上高 | | $1,000 |
| 売上原価　変動費 | $600 | |
| 　　　　　固定費 | 160 | |
| 　　　　　合計 | $760 | 760 |
| 　売上総利益 | | $ 240 |
| 製造固定費 | $120 | |
| 販管費 | 100 | 220 |
| 　営業利益 | | $ 20 |

**販売量が半分で，**
**　製造量が正常な場合**

| | | |
|---|---:|---:|
| 売上高 | | $ 500 |
| 売上原価　変動費 | $300 | |
| 　　　　　固定費 | 80 | |
| 　　　　　合計 | $380 | 380 |
| 　売上総利益 | | 120 |
| 製造固定費 | $ 40 | |
| 販管費 | 100 | 140 |
| 　営業利益（損失） | | ($20) |

（出所：Jones, 1957, p. 15より抜粋）

減価償却費や税金で，活動に負担される部分（the activity absorbed portion），おそらくこれは能力原価といってよいものだと考えられるが，これも変動費とともに直接原価の中に含まれるとする。つまり，直接原価は，変動費と利用された能力原価からなるというのである。一方で，期間原価は，監督費，間接労務費，管理費といったもので，異なる営業レベルでは階段状になる原価であるとする（Wycoff, 1974, p. 36）。

Wycoff（1974）は，不働時間の測定によって不働費を算出する。時間指向の会計（time-oriented accounting）とよぶものである。時間を基本的な尺度として考えることによって，設備能力の稼働状態に関する知識が得られることになると指摘する（Wycoff, 1974, p. 36）。

時間指向の会計の主な利点として，次の点をあげる。
① 時間が，原価集計の一貫した基準となる。
② 不働時間による不働費を明確に測定することで，その削減を促進する。
③ 設備能力時間（facility hour）当たりの金額を算定することによって，設備間の比較や，同じ設備の時系列的な比較が迅速に行うことができる。それによって，オペレーティング・コストの改善が図られる。
④ 単位当設備能力時間は，製品原価計算や予算編成，経営計画，業績や設備稼働の分析等の基本的な要素となる。

「時間の測定を認識することは，経営者により現実的な原価集計とよりよいコントロールを実現することになるだろう。」（Wycoff, 1974, p. 38）

このようなWycoff（1974）の考え方は，当時はさほど注目を浴びることはなかった。この考え方が，直接的ではないにしろ，受け継がれ具体化するのは，後述するTDABCの登場まで待たなければならない。

### (4) ABC

アイドル・キャパシティ・コストを活動別に把握しようとしたのが，Cooper and Kaplan（1992）である。Activity-Based Costing（ABC）では活動別に原価を把握するが，活動毎のチャージレートを実際的生産能力を基準に設定し，実際の活動量と基準との差額にこれを乗じて活動別の未利用キャパシティ・コストを算定している。それは次の等式で表される。

$$\substack{\text{利用可能な活動}\\(\text{Activity Availability})} = \substack{\text{消費した活動}\\(\text{Activity Usage})} + \substack{\text{未利用キャパシティ}\\(\text{Unused Capacity})}$$

$$\substack{\text{提供された活動の原価}\\(\text{Cost of Activity Supplied})} = \substack{\text{利用した活動の原価}\\(\text{Cost of Activity Used})} + \substack{\text{未利用の活動の原価}\\(\text{Cost of Unused Activity})}$$

これによって活動別に未利用資源の原価を表示したのが，**図表4－2**の損益計算書である。

### 図表4－2 ■未利用資源の原価を明示した損益計算書

#### ABC損益計算書

| | | | |
|---|---:|---:|---:|
| 売上高 | | | $ 20,000 |
| 差引：利用された，提供された資源の費用 | | | |
| 　材料費 | 7,600 | | |
| 　燃料費 | 600 | | |
| 　短期労務費 | 900 | | 9,100 |
| 貢献利益 | | | 10,900 |
| 差引：活動費用：拘束資源 | | | |
| 　（ACTIVITY EXPENSES：COMMITTED RESOURCES） | 利用 | 未利用 | |
| 　長期的な直接労務費（Permanent direct labor） | 1,400 | 200 | |
| 　機械稼働時間 | 3,200 | | |
| 　購入費用 | 700 | 100 | |
| 　受取・在庫費用 | 450 | 50 | |
| 　製造運用（Production runs） | 1,000 | 100 | |
| 　顧客管理 | 700 | 200 | |
| 　技術変更 | 800 | (100) | |
| 　部品管理 | 750 | 150 | |
| 拘束資源費用合計 | 9,000 | 700 | 9,700 |
| 営業利益 | | | $ 1,200 |

(出所：Cooper and Kaplan, 1992, p. 7 )

この損益計算書では，拘束資源毎に未利用の原価が明示されている。モデルとしてはこのように提示されているものの，活動別にキャパシティの測定尺度を選択し，活動別に未利用キャパシティを測定することは，実践上かなりのコストがかかるものと考えられる。

また，それぞれ異なる尺度で未利用キャパシティが測定されている場合，ある活動の未利用部分を他の活動に振り向ける，といったような資源の再配分は難しい。

## 2.2 TDABCによるアイドル・キャパシティ・コストの把握

### (1) TDABC

　TDABC（Time Driven Activity-Based Costing）は2004年にKaplan and Andersonによって提唱されたABCのある意味簡素化されたヴァージョンである。

　従来のABCを実際に導入・運用しようとすると，さまざまな問題点が明らかになったということは，当初ABCを推進していたKaplanからも示されている。彼はAndersonとの共著の中で，次のように指摘している。必要なデータの収集には非常に時間とコストがかかること，データが主観的になりやすいこと，システムの運用には多額のコストがかかること，モデルが硬直的になりやすいこと，未利用のキャパシティを測定しづらいこと，などである（Kaplan and Anderson, 2007, p. 7）。

　これらの問題点を克服するために，Kaplan and Andersonは，TDABCを提唱したのである。

　Kaplan and Anderson（2007）は，従来のABCの問題は，資源の原価を資源ドライバーを通じて活動に割り当てるプロセスに起因すると考えた。また，彼らは，資源の利用を測る尺度は，時間という変数にほぼ集約できると考えた。そこで彼らは，資源ドライバーによる活動への資源コストの割当をやめ，時間という尺度を使って資源コスト活動別に割り当てることにした。

　TDABCでは，まず資源コストと総利用可能時間から，キャパシティの時間当たりコストを算定する。次に，活動一単位当たりの標準時間を測定し，それに先の時間当たりコストを乗じて活動一単位当たりの原価＝コスト・ドライバー・レートを計算する。このコスト・ドライバー・レートに活動量を乗じることで，活動別のコストが計算される。資源コストの総額から活動別に集計されたコストの合計を控除すると，未利用キャパシティのコストが計算される。Kaplan and Anderson（2007）は，この未利用キャパシティ・コストの測定がTDABCの大きな特徴であるとしている。

## (2) TDABCの構造

TDABCの構造を知るために，Kaplan and Anderson（2007）が示している例を取り上げる。

顧客サービス部門では，顧客注文処理，顧客の問い合わせへの対応，与信審査という3つの活動が行われている。四半期でこの部門で発生するコストは567,000ドルであると見積もられる。28人の従業員が働いており，四半期での勤務時間ののべ合計は756,000分（7.5時間×60分×20日×3×28人）である。これがいわゆる理論的生産能力（theoretical capacity）であり，そのうちの実際的生産能力（practical capacity）である実働時間は630,000分である。

活動別の原価の集計は，2つのステップを踏む。まず，コスト・ドライバー・レートを算定する。これは，キャパシティ単位当たり時間の原価の見積と，活動単位当たり時間の見積から算定される。この2つの見積からコスト・ドライバー・レートを算定するところに，TDABCの容易さと柔軟性があるという。そして，このコスト・ドライバー・レートに各活動の活動量（利用時間）を乗じることで，活動に対して原価を集計することになる。

この部門のキャパシティの1分当たりのコストは0.9ドル（=567,000ドル÷630,000分）である。活動1単位当たりの原価をコスト・ドライバー・レートとよんでいる。たとえば顧客注文処理の場合は，活動1単位当たりの標準時間が8分である。コスト・ドライバー・レートは，0.9ドル/分×8分=7.2ドルとなる。このコスト・ドライバー・レートに活動量を乗じると，活動別の原価が計算される。Kaplan and Anderson（2007）によって示された計算結果は，**図表4－3**の通りである。

このような計算によって，従来のABCではとらえることが難しかった未利用キャパシティのコストが容易に把握できるようになるという。計算例でいうと，未利用キャパシティの総時間が36,400分であり，それにキャパシティ1分当たりのコスト0.9ドルを乗じることで未利用キャパシティ・コスト32,760ドルを計算しているのである。

資源利用の尺度を時間に一本化しているが，時間方程式とよぶ公式によって，プロセスの複雑性は十分描写できるという。時間方程式は，業務プロセスの所要時間を見積もるための公式であり，TDABCの中核をなすものである。次

**図表4－3　TDABCの原価報告書**

| 活動 | 活動量 | 単位当たり時間（分） | 総利用時間（分） | コストドライバーレート | 原価割当額の総額 |
|---|---|---|---|---|---|
| 顧客注文処理 | 51,000 | 8 | 408,000 | $7.20 | $367,200 |
| 問い合わせへの対応 | 1,150 | 44 | 50,600 | $39.60 | $45,540 |
| 与信審査 | 2,700 | 50 | 135,000 | $45.00 | $121,500 |
| 総利用量 |  |  | 593,600 |  | $534,240 |
| 未利用キャパシティ |  |  | 36,400 |  | $32,760 |
| 総提供量 |  |  | 630,000 |  | $ 567,000 |

（出所：Kaplan and Anderson, 2007, p. 13）

のように表される（Kaplan and Anderson, 2007, p. 31）。

$$\text{業務プロセス時間} = \text{個々のアクティビティ時間の合計}$$
$$= (\beta_0 + \beta_1 X_1 + \beta_2 X_2 \cdots\cdots + \beta_i X_i)$$

$\beta_0$： 基本アクティビティを遂行するための標準時間
$\beta_i$： 追加的アクティビティに要する時間の推定値
$X_i$： 追加的アクティビティの量

　このような構造を採ることにより，業務プロセスの効率性とキャパシティの利用度を可視化でき，また，注文の量と複雑性の予測に基づいた資源キャパシティに関する予算の編成が可能となり，資源必要量を予測できるようになるという。

### (3)　TDABCにおけるアイドル・キャパシティ測定の問題点

　TDABCでは主要な尺度は時間である。当然，アイドル・キャパシティは遊休となっている時間で測定され，コストに変換される。このプロセスは，利点となる側面と，短所となる側面があると考えられる。

　利点として考えられるのは，尺度が時間に統一されている，ということである。アイドルとなっている資源の再配分を考えるときに，活動それぞれの尺度でこのアイドルが測定されている場合，他の活動にどれくらい再配分できるかは，尺度の変換が必要となる。時間という尺度で統一してアイドルを測定して

いれば，その再配分は容易になるものと考えられる。

　一方，コストでの把握は，アイドルとなっている資源のコストを金額的に明示するという点では有用性があるが，危険性も孕んでいる。部門管理者の関心がアイドル・キャパシティ・コストの削減のみに集中する危険性である。この時，ムダな仕事をしてアイドル時間を削減し，アイドル・キャパシティ・コストを削減しようとするような行動に出る。これは，TDABC固有の問題ではなく，伝統的な全部原価計算でも起こりうる問題である。このような行動は，一時的に部分最適を生むかもしれないが，全体のベネフィットには結びつかないものである。TOCの主唱者であるGoldrattが（全部）原価計算を痛烈に批判するのはこの点である。

　問題は，アイドルとなった資源が発生し，アイドル・キャパシティ・コストが発生した場合，どういう行動をとるのか，ということである。いかにしてアイドル・キャパシティを生産に寄与するキャパシティに転換するのかを考えなければならない。アイドル・キャパシティをどのように活用すればよいのだろうか。その1つの回答が，トヨタ自動車における取組みと発想である。以下，トヨタ自動車における事例を見てみる。

## 3　アイドル・キャパシティの活用〜トヨタ自動車の発想

### 3.1　TPSの理念

　トヨタ自動車が採っているトヨタ生産方式（Toyota Production System：TPS）とはどのように定義されるのか。河田編（2009）によれば，TPSとは，ものづくり経営において，①「売れるタイミングで作る」という技術的側面と②「人づくり」という人間的側面からなる③「進化の原理を内包した」システムである，という（河田編，2009，10頁）。いささか観念的であるが，目に見える顕著な点は，①の「売れるタイミングで作る」ということの実践であろう。これは，「顧客が要求するタクトタイムで作る」ことと，「できるだけ短いリードタイムで作る」の2つの要件を満たさなければならない（河田編，2009，10頁）。

## 3.2 TPSによって生み出されるアイドル・キャパシティとその活用

　JITのねらいの1つは,「作りすぎのムダ」を排除することである。「必要なときに，必要なモノを，必要な量だけ作る」という発想である。リードタイムの短縮は，生産の速度を上げ，収益を上げる機会を創出することになる。

　この一方で，リードタイムが短縮され，また計画生産から注文生産へと切り替えると,「人，機械，スペースなどに今までよりヒマが」できる。この「ヒマ」はアイドル・キャパシティそのものである。トヨタでは，このヒマを，「機会収益」の源泉であると考えている。つまり，この余剰資源があることで,「①追加受注が（固定費）タダで消化できる②タダで内製化できる③新商品試作工場を建てる必要がなくなる」と考えるのである。リードタイム短縮が生み出した「ヒマ」を,「何か仕事をしないと落ち着かない」「出来高を確保したい」などの理由で倉庫から材料を引っ張り出して加工する，といった行動は，JITを台無しにしてしまい，機会利益を永久に失わせてしまうものだという。創出された経営資源の余剰は,「将来利益を生み出す潜在力」を示しているのである。リードタイムの短縮は，人や機械の余剰を生み出すだけではなく，運転資金拘束期間の短縮にもつながり，手元流動性が増加するとも指摘している（河田編，2009, 71-72頁）。

　上記の①は現在時点で便益をもたらす。②は現在そして将来に便益をもたらす。③は将来に便益をもたらす可能性がある。このように，余剰資源を持つことで，現在での効果だけでなく，将来への経済的効果も期待されている。固定費を発生させる資源は，長期的にその効果が現れるものが多いが，このトヨタのケースでは，その性格を十分に活用しているということができる。

　このように，稼働率の低下をおそれてムダな仕事をしない，というのがTPSの考え方である。アイドル・キャパシティを回避するというよりむしろ積極的にアイドル・キャパシティを創出し，それを現在と将来のために活用しようとしているところが特徴的である。

## 3.3 TPSにおける「経営資源の余剰」の意味

　それでは，TPSにおける「経営資源の余剰」はどのような性格を持っている

といえるのだろうか。先に述べたように，(狭義の)アイドル・キャパシティと過剰能力は分けて考えることができる。この視点からみると，TPSにおける「経営資源の余剰」は，現在・将来の追加注文や新製品開発に活用されるキャパシティであり，「将来の成長のために保持しておく」能力であるから，アイドル・キャパシティということができる。したがって，キャパシティ・モデルでは，市場性のあるアイドルであるということができる[1]。

TPSにおける3つの活用は，前章で示したCAM-Iのモデルで説明すると，「アイドル・キャパシティ」を「生産的キャパシティ」へ転換するということである。具体的には，「①追加受注がタダで消化できる」は，アイドル・キャパシティの「製品の製造」キャパシティへの転換である。「②タダで内製化できる」も「製品の製造」キャパシティへの転換である。「③新商品試作工場を建てる必要がなくなる」は，「プロセス開発」および「製品開発」キャパシティへの転換である。

## 4　第4章の結語

「異なる目的には異なる原価を」で有名なClark (1923) は，原価計算の目的として10の項目を挙げている。その中に，製品原価から遊休原価 (the cost of idleness) を分離する，というのがある。Clark (1923) には，アイドル・キャパシティを除く，つまり完全操業に近づけることで，平均原価を引き下げようという意図があった。彼が会計の世界で一般化させた差額原価の概念も，追加注文を受け入ることでアイドル・キャパシティをいかに利用していくか，という問題意識につながっている。大量生産・大量消費の時代には，いかにしてアイドル・キャパシティを除去し，規模の経済性を活かすか，ということが課題となっていたのである。

一方，時代が変わり，生産の形態は，少品種大量生産から，特に第一次オイルショック以降に顕著になった多品種少量生産あるいは多品種変量生産へと移っていった。これは，作れば売れる，という時代が終わったということであると同時に，大量生産・大量販売によって稼働率を上げていくことが難しく

なってきているということを意味している。しかし，売れないものを作って稼働率を上げていくということは，売れない在庫の増加，運転資金の拘束など，さまざまな弊害を産む。もしアイドル・キャパシティが生じた場合，どのような行動をとるべきか。それに対する１つの回答が，トヨタ自動車における発想と取り組みである。トヨタの場合にはむしろアイドル・キャパシティを作り出し，それをほかの用途に積極的に用いているところに特徴がある。トヨタのような取組みは，設備がいろいろな目的に柔軟に活用できること，そして従業員が多能であることが前提となることはいうまでもない。

重要なことは，アイドル・キャパシティ・コストを測定するにしても，それが金額として大きかった・小さかったということに一喜一憂するのではなく，本当に無駄な部分（過剰能力）と，現在あるいは将来に利益を生む部分（狭義のアイドル・キャパシティ）であるのかを判断し，適切な経営行動をとることである。そこでは，固定費を発生させる資源の長期的な性格を十分に考え，本当に削減すべき部分と，将来につながるような再利用の仕方を考える必要がある。

◆注
1  経営者の判断によって市場性がないアイドルとなった部分も，追加受注や内製，試作品の製造などに利用するという判断があれば，市場性のあるアイドルとなる。

# 第 II 部

# 情報システムとしての管理会計：
# 　財管一致の会計

　第Ⅱ部では，主に財管一致という視点から，会計情報システムとしての管理会計について考える。
　第5章では，会計記録の基本である簿記が，管理会計としてどのような機能を持つのかについて検討する。第6章では，会計が1つである状態，すなわち，財管一致の状態とはいかなるものなのか，ということについて検討する。第7章では，管理会計システムとしての直接原価計算の機能についての再評価を行う。第8章では，第6章と第7章での議論を踏まえ，財管一致の会計において，管理会計システムとして直接原価計算を用いることの意義を検討する。

# 簿記による記録と管理会計：
# 簿記の管理会計機能

## 1 はじめに

　本章では，簿記の内部報告としての機能，すなわち管理会計としての簿記の機能について考察する。そして，それが企業規模の違いによってどのように機能しうるのかを考察する。

　これらのことを明らかにするため，まず，会計による記録という行為が，管理に対してどのような意味を持つのか，ということを明らかにする。そして，簿記の持つ管理的特質，管理会計の体系と情報の価値判断基準から見た簿記の役割，工業簿記の持つ管理的機能，といった観点から，いかに簿記が内部報告機能を果たすのか，そしてそれが企業規模によってどのように異なる役立ち方をするのか，という点を明らかにする。

## 2 記録行為の結果による管理と記録行為そのものによる管理

### 2.1 記録行為の結果による管理

　会計による測定と記録が管理機能を果たす場合，2つの局面がある。
　1つは，会計記録の情報を何かしらの分析・管理装置の中にインプットする

ことで管理を行うというものである。ここでいう「装置」とは，明確な意図を持った仕組みのことをいい，何らかの目的・目標との関係を持つものを指す。たとえば，予算管理における予算実績差異分析では，計画である予算値と，実績値とを比較し，差異が生じていればその原因を追及して次期以降の活動の改善に活かそうとする。これは，実績の集計という記録行為の結果が，予算実績差異分析という分析装置のインプット情報として用いられているということである。これをここでは「記録行為の結果による管理」とよんでおく。

### 2.2 記録行為そのものによる管理

今1つは，会計による測定と記録という行為そのものが，管理機能を果たすという場合である。複式簿記において取引を仕訳する場合，その取引にかかわる価格の情報と物量の情報が必要である。言い換えれば，仕訳という記録をとることは，価格と物量の情報に常にふれることになる。たとえば，日々の材料購買の記録をとる，という行為は，日々の材料の物的有高と価格に購買担当者の目を向けさせ，過剰な材料在庫を持たないような適切な購買活動をとるように仕向ける。会計記録をとる，という行為が材料在庫の管理に結びついているということである。これをここでは「記録行為そのものによる管理」とよんでおく。ここでの管理は，何か特別な分析・管理装置を使うということではなく，記録行為そのものが自律的な管理活動を促すことになる。

したがって，会計における管理には，「記録行為の結果による管理」と「記録行為そのものによる管理」が存在するということになる。ここでいう会計における「記録行為」とは，簿記に他ならない。

## 3　複式簿記の経営管理機能

### 3.1　簿記の目的

きわめて原始的な問いであるが，複式簿記とはどう定義できるのか。
大藪（2000）では，複式簿記とは，「経済主体の経済活動を勘定科目と貸借

記入原則によって秩序整然と記録・計算・整理し，その結果として財産計算と損益計算とを同時に完成する記録システム」(大藪編, 2000, 1頁)と定義されている。また，一般に帳簿記入が簿記と呼称されるためには，その記入が，(1)経済主体の経済活動についてのものであること，(2)貨幣金額によること，(3)継続的な記入であること，を条件とするという (大藪編, 2000, 1頁)。

　簿記の目的はなにか。中村 (1985) によると，それは財産管理と損益計算ということになる。財産管理については，「営業の規模が大きくなって従業員を使うようになると，現金や商品などについて，その出し入れを記録しておかないと，間違いや不正を生ずるおそれがある」(中村, 1985, 2頁) としている。損益計算については，簿記の記録により「営業活動の結果として半年なり1年の間にどれだけの経費がかかり，どれだけの利益をあげたかを計算することができる。これを知ることは商人にとって非常に大切である」(中村, 1985, 2頁) としている。これらは初学者向けのテキストでの記述であるが，簿記の機能を端的に表している。以上のことから，財産管理と損益計算を通じて，経営管理を行うことが簿記の目的であることがわかる。そのためには，複式簿記は，「秩序整然と記録・計算・整理」したものでなければならない。

## 3.2　2つの「簿記学」と簿記による会計管理

　簿記の目的の1つが経営管理であるということが確認されたが,岩田 (1955) もその点について言及している。

　岩田 (1955) によれば，「簿記学」の体系には2つのタイプがあるという。1つは，決算中心の簿記，今1つは会計管理のための簿記である。

　　「従来の簿記学は，……決算中心主義とでも申しましょうか，簿記の目的につきましても，あるいは勘定理論の構成についても，また勘定科目も分類についても，さらに帳簿組織の設定，そういう各方面の問題についてすべて決算を中心に考えている。……これに対して，もう一つ，これとは非常に違った簿記学の体系がありうると思う。それは管理中心の簿記学といっていいかと思うのです。会計管理ということを中心にして簿記の目的設定を行う，あるいは勘定科目の分類を行う，あるいは，帳簿組織の設定を行う，こういうわけであります。

　　……管理中心のものから申しますと，従来行われている年度決算というものはむ

しろ会計管理の一適用形態といいうるのでありまして，決算というのは，そういう会計管理の一つの形というなかへ融け込んでしまうのです。」(岩田，1955，8-9頁）

毎日膨大に発生する取引を帳簿に書いていくということは，半年あるいは1年後にたったひとつの利益額を計算するためだけにやっているのではない。また，決算日のバランスシート一枚を作成するために時間と労力をかけていろいろな帳簿を作っているのではない。「毎日々々の日常的な管理の機能を果たすためにやっておる」（岩田，1955，11頁）というのである。

このように，岩田（1955）は，日々の記録をとることが管理につながると考えた。そのため，会計管理のための簿記では，いわゆる補助簿が「主」であり，主要簿が「従」であるという立場をとっている。

## 3.3　簿記における記録と管理行為

複式簿記の目的の1つである財産管理による経営管理は，日々の記録によって自律的に行われる。これは，岩田（1955）のいう「会計管理のための簿記」でもある。財産管理は，会計記録による管理という視点から見れば，いわば「記録行為そのものによる管理」であるといえる。日々の記録において価額・物量の情報を絶えず把握しておくことが，財産の自律的な管理に結びつくことになる。

一方，もう1つの目的である損益計算による経営管理は，決算の結果アウトプットされた損益計算書によって行われる。これは，「記録行為の結果による管理」であるということができる。記録の結果を損益計算書という分析・管理装置にインプットし，その装置を通じて経営状態を診断し，企業活動の改善に結びつけていくことになる。

## 4 管理会計情報と複式簿記

### 4.1 管理会計の体系と管理会計情報の価値判断基準

#### (1) 管理会計の体系

管理会計の体系として，伝統的な管理会計論，特にわが国の管理会計論では，長らくBeyer (1963) の提示した体系が支持されてきた。意思決定会計と業績管理会計という体系である。これは，管理会計の機能別の体系である。これは，それまでの適用領域別体系，計算技法的体系から発展してきたものである。計算技法的体系との関係を示すと，**図表5－1**のようになる。

**図表5－1 ■ 管理会計の体系**

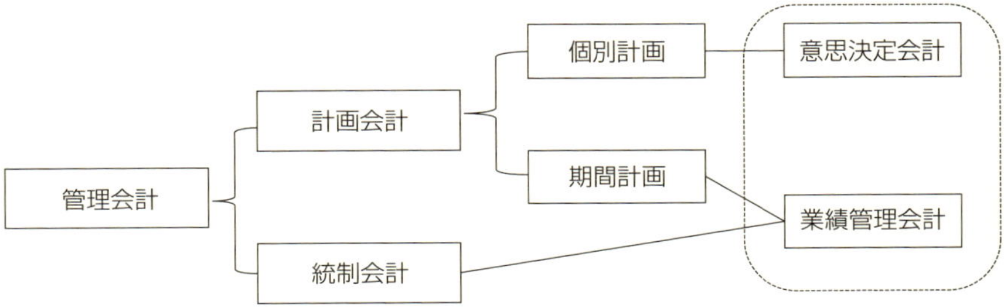

```
                   ┌─ 個別計画 ──── 意思決定会計
        ┌─ 計画会計 ┤
管理会計 ┤          └─ 期間計画 ──┐
        └─ 統制会計 ──────────────┴ 業績管理会計
```

(出所：松本 (1973) をもとに筆者作成)

現在では，この意思決定会計と業績管理会計からなる体系は，もはや古い体系であるとし，新しい体系の構築を図ろうとする論者も多い[1]。しかしながら，管理会計が（非財務的な情報を利用するとはいえ）会計情報を中心とした経営管理のための情報システムであるという性質を持っているため，会計情報を作成する計算技法的体系を包摂した体系も，未だに一定の意義を持つものであると筆者は考える。

また，Beyer (1963) の体系と並び，わが国の体系論に影響を与えているのが，Anthonyのマネジメント・コントロール論である。Anthony and Govindarajan (2007) が示した，マネジメント階層とその経営管理機能からの体系が，**図表**

5－2である。

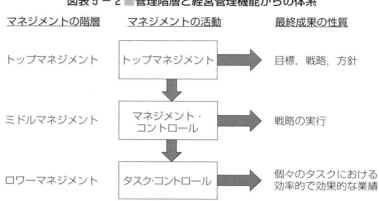

図表5－2 ■管理階層と経営管理機能からの体系

（出所：Anthony and Govindarajan, 2007, p. 7 に加筆修正）

　戦略の策定とは，トップマネジメントが行うものであり，組織のゴールとそれらのゴールを達成するための戦略を決定するプロセスである。ここでいうゴールとは，広い意味での組織全体の目的を指す。

　マネジメント・コントロールとは，ミドルマネジメントが行うものである。これは，経営管理者が，組織のメンバーに組織の戦略を実行するように影響を与えるプロセスのことをいう。

　タスク・コントロールとは，より現場に近いロワーマネジメントが行うものである。特定のタスクが効率的かつ効果的に実行されることを保証するプロセスである。タスク・コントロールは取引指向（transaction-oriented）である。これは，マネジメント・コントロールプロセスで設定されたルールに従った個々のタスクの業績を必要とする（Anthony and Govindarajan, 2007, p. 11）。

(2) 管理会計における会計情報の価値

　Horngren et al.（2014）によれば，経営管理者が目的や目標を達成するために必要となる会計情報が「よい」ものである，すなわち管理会計情報として価値のあるための条件として，3つの疑問に答えられるかどうかということをあ

げている。それは，①スコアカード（scorecard）の課題，②注意喚起（attention-directing）の課題，③問題解決（problem-solving）の課題である。Horngrenは，この立場を1965年の段階から堅持している。

　スコアカードの課題では，会社の経営が上手くいっているのかいないのか，が問題となる。実績記録（scorekeeping）は，データの分類，収集，報告であり，情報利用者が組織の業績を理解し評価することを支援する。実績記録が有用であるためには，信頼性と正確性がなければならない。以下この課題を，実績記録の問題と言い換える。

　注意喚起の課題では，どの領域に追加的な調査が必要となるか，ということが問題となる。注意喚起は，通常，事前の予測と実際の結果を比較したルーチンで作成される報告書を含んでいる。注意喚起情報は，経営管理者に対して，業務上の問題や欠陥，不能率，機会などに焦点を当てることを支援する。これは，問題診断であるといえる。

　問題解決の課題では，代替案の中でどれが最適か，ということが問題となる。会計における問題解決の視点は，最適なコースを認識するために各代替案の与える影響についての分析を含んでいる。

　実績記録と注意喚起における情報の利用は非常に密接な関係にある。ある経営管理者が業績を理解し評価するのを支援するための情報と同じものが，その経営管理者の上司に対しても注意喚起機能をも果たすかもしれないからである（Horngren et al., 2014, p. 5）。たとえば，工場の製造部門長が自部門の能率を見るために日々とっている原価記録が，（部門長の上司である）工場長にとっては，工場の中での異常を知らせる注意喚起のシグナルになる場合がある。

　3つの課題を情報の時間次元の面から整理すると，実績記録と注意喚起は過去情報が中心であり，問題解決では未来情報が中心であるということができる。もちろん，未来情報も，過去情報をもとにして推測されることが多いので，両者は密接に関係している。

　このような，スコアカードの課題や注意喚起の課題を満たすためには，会計情報の記録システムの整備が不可欠である。その記録システムこそが複式簿記である。実績記録の問題で必要とされる「信頼性」と「正確性」は，複式簿記によって保証される。複式簿記システムが整備されていない状況では，上記の

課題に適合する「よい」管理会計情報を提供することはできない。

## 4.2 管理会計における管理と複式簿記

### (1) 管理会計の体系からみる複式簿記の役割

先に，有力な2つの管理会計の体系を見てきた。これらの体系の中に，複式簿記はどのように位置づけられるのであろうか。

意思決定会計と業績管理会計からなる体系においては，複式簿記は業績管理会計にとって，測定装置としての重要な役割を果たす。たとえば，業績管理会計のツールとして代表的なのは予算管理であるが，予算管理の統制機能，とりわけ同時統制と事後統制にとって複式簿記は不可欠である。同時統制においては，日々の実績記録が必要である。また，差異分析を中心とした事後統制では，一定のルールに基づいた正確な実績記録が必要である。

一方，マネジメント・コントロールをコアとした体系では，とりわけタスク・コントロールに対して，価格と物量情報について「秩序整然と記録・計算・整理」した複式簿記が必要となる。前述のように，タスク・コントロールでは業績を一定のルールに従って出力することが要求されるからである。

### (2) 管理会計情報と複式簿記

前述の岩田 (1955) のいう会計管理のための簿記は，まさに前述のHorngren et al. (2014) における実績記録，注意喚起という管理会計情報の価値判断の課題に対応するものである。

たとえば，経営管理上の課題としてあげられるものの1つに，棚卸資産の管理がある。過剰な棚卸資産は，多額の保管費用を要するほか，貯蔵中の物理的・技術的陳腐化による機会原価も発生する。また，過剰な棚卸資産への投資は，資金を拘束させるため，運転資金の不足をも招く可能性がある。簿記による日々の購買活動の継続的な記録をとっていれば，材料等の過剰な購入をチェックすることができる。日々の記録をとること自体が，問題の発見と診断のために役立つ。これは，先に示した「記録行為そのものによる管理」である。

また，岩田 (1955) では，年度決算も会計管理の一適用形態として位置づけられている。この場合，決算書は問題の診断に用いられる。Horngren et al.（2014）のいう注意喚起の課題に対応するものである。これは，決算書という記録行為の結果産出されたアウトプットを用いた管理であるため，前述の区分でいうところの「記録行為の結果による管理」であるということができる。

## 5　内部活動の描写と工業簿記

### 5.1　工業簿記という領域

簿記の中に，工業簿記とよばれる領域がある。各種検定等においては，簿記は商業簿記と工業簿記とに二分されている。大藪（2000）によれば，工業簿記は，経済主体の業種による分類の1つとされている。これについて，中村（1985）は，次のように指摘している。

> 「簿記のルールは，業種の違いによって少しも変わることはないが，業種の特殊性によって記録する内容に特徴が出てくる。たとえば工業では，製品の製造という商業にはない活動が含まれている。」（中村，1985，4頁）

黒澤（1977）の『工業簿記』では，序文において，「製造工業の経営のために適用される複式簿記を工業簿記と名づけるのであるが，企業の簿記である点では，商業簿記も工業簿記も本質的に異なるところはない」（黒澤，1977，3頁）としている。その上で，工業簿記の特徴が次のように示されている。

> 「商業簿記の特徴が，購買活動と販売活動，すなわち外部活動を記録し，資本の投下およびその回収について計算する点にあるとすれば，工業簿記の特徴は，製造活動すなわち内部活動に関する簿記をふくむ点にある。もちろん工業簿記は，工企業に関する簿記であるから，購買活動および販売活動に関する簿記をふくみ，その点では商業簿記と同様である。」（黒澤，1977，3頁）

工業簿記においては，製造を表すための仕掛品勘定（あるいは製造勘定）というものが用いられる。これは製造という「内部活動」を描写するための勘定である。これが商業簿記と工業簿記を分けている違いの1つである。

## 5.2 2つの工業簿記：完全工業簿記と商的工業簿記

### (1) 内部取引の描写と完全工業簿記

　工業簿記には，2つの種類がある。完全工業簿記と商的工業簿記である。

　完全工業簿記では，内部取引の描写を行うため，原価計算を行う。仕訳には，取引価額の情報が必要である。しかしながら，「内部の取引，特に工場内部における取引は，外部取引と違い，価格によって取引が成立するわけではないので，特に内部計算をしない限り取引価額はわからない」（廣本，1996，6頁）。そのため，内部活動の描写である原価計算は，工業簿記が簿記たる所以となる重要なものである。原価計算を行うことによって，内部取引の仕訳が可能になり，生産活動の記録と管理が可能となる。ここでは，歩留まり管理などの生産活動に対する「記録行為の結果による管理」も行われる一方で，算出された製品原価情報を種々の分析・管理装置にインプットすることで，製品関連の各種分析や意思決定を行うことができるようになる。つまり，「記録行為の結果による管理」が可能となるのである。

### (2) 管理機能の強化と完全工業簿記の成立

　原価計算そのものは，複式簿記を前提としなくても行うことができる。なぜ，複式簿記と原価計算はなぜ結びつく（すなわち完全工業簿記となる）必要があるのか。

　もともと，狭義の原価計算は，工場の備忘記録としてエンジニアの手によって行われていた。岡本（1962）によれば，米国においてそのような狭義の原価計算と複式簿記とが結びついたのは，おおよそ1910年頃であるという。それには次のような事情があった。

　1880年代から20世紀初頭にかけて企業合同が盛んに行われるようになると，会計士による製造会社の監査がきわめて重要になってきた。そこで，会計士としては，工場の片隅で記録されている原価記録に対し，無関心ではいられなくなった。ところが，そういった原価計算の結果と，商業帳簿の結果に食い違いが見受けられることが珍しくなかった。そこで，会計士たちは，原価計算の正確性を確保するために，コストシステムを一般会計の帳簿に組み入れる必要性

を痛感した。このような認識を持った一部の進歩的な会計士たちは，一般の会計士たちに，原価計算を勉強するように説得し始めた。その際，「原価計算も一種の簿記だ」という理由付けを行った。会計士たちは，「原価計算は複式簿記の分化し発展した形態にすぎず，したがって財務記録と原価記録とは結合すべきである」と主張した（岡本，1962，30-31頁）。

　一方，エンジニアたちはこの主張に激しく反対した。彼らは，原価計算は簿記と本質的に無関係であり，両者は分離すべきだと主張した。原価計算の主目的は，あくまで原価の引き下げないし能率の表示にある。目的と手段が異なるのであるから，財務記録と原価記録を結びつけることは，いたずらに計算記録手続を複雑にし，混乱を招くのみだ，と主張した（岡本，1962，31-33頁）。

　岡本（1962）によれば，このような激しい対立のある中で，複式簿記と原価計算を統合させるのに大きな役割を果たしたのが，Moxey（1913）であったという。

　Moxey（1913）によると，それまでの製造業では，主要な事業取引である賃金記録以上の記録は必要ないと考えてきた。それまでは，原価計算が不明瞭であった。しかしながら，工場の能率をあげ，厳しい競争に打ち勝つためには，より正確な会計記録，完全で正確な製造原価を含んだ記録が必要であるということが認識されるようになった（Moxey, 1913, pp. 7-8）。

　Moxey（1913）があげる原価記録（cost keeping）の目的は，以下の2つである（Moxey, 1913, p. 8）。

① 製造原価に関する正確で信頼性のある情報を提供すること。これは，製造業者に価格設定や入札価格の情報を提供する。
② 製造における材料，労働力，その他の費用の浪費や不足を調査し，同定し，除去する。

　このような目的を果たすために，すべての工場原価会計は「複式簿記の原理にそのまま基づいている」（Moxey, 1913, p. 8）と主張するのである。Moxey（1913）では，材料費会計，労務費会計，間接費会計が取り上げられているが，たとえば材料費会計では，補助記録の重要性を指摘している。

Moxey（1913）の原価計算論における製品原価計算は，材料費と労務費の勘定による管理，製造間接費の指図書別配賦など，現代でいう単純個別原価計算の域を出ていない。また，製品原価計算についてはさほど詳しくは触れられていない。その意味では，現代における完全工業簿記に比べるといささか不十分である。しかしながら，正確な製造原価の計算や，材料費と労務費の能率管理という要求に応えるために，複式簿記と原価計算を結合させることで，原価計算の正確性と管理機能の強化を実現した，という意味では，Moxey（1913）は大きな貢献をしたといえる。

　以上の点から，次のことがわかる。企業が激しい競争に打ち勝つために，原価財消費の能率管理のための情報や，正確な製品原価情報が必要となった。そのためには，工場の備忘記録レベルの，ある意味「柔らかい」原価情報では不満足であった。そこで，信頼性の高い製品原価情報を得るために，原価計算を複式簿記のルールに則って行うこと，つまり，原価計算を複式簿記機構の中に組み込むことが考えられた。それが，現代でいう完全工業簿記につながったのである。

### (3)　商的工業簿記の構造と管理機能

　商的工業簿記は，不完全工業簿記であるとか丼勘定方式とよばれることもある。製造勘定（仕掛品勘定）を設け，棚卸計算に基づいて完成品製造原価を計算する。商的工業簿記では，原価計算は行われない。言い換えると，「企業内部における価値の移転過程について，なんの管理も行われていない」（岡本，2000，65頁）状態である。つまり，原価計算を行わないので，原価財の部門別の管理もできないし，製品別の正確な原価情報もわからない。**図表5－3**は，製造勘定をもとにした商的工業簿記の構造を表した図である。

　商的工業簿記は，工業簿記という名称ではあるものの，あくまでベースは商業簿記であり，その延長にあるものである。

　原価計算を行っていないからといって，商的工業簿記ではまったく管理というものが行われていないのであろうか。そうではない。図表5－3からわかるように，商的工業簿記においても，購買活動と販売活動については，複式簿記によって正確に記録がとられている。少なくとも，購買活動と販売活動におい

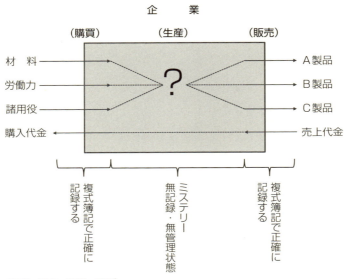

(出所:岡本,2000,65頁)

ては,日々の会計管理が可能である。前述の区分でいうと,「記録行為そのものによる管理」が行われるのである。

## 6　企業規模と管理会計としての簿記の役割

　筆者は,管理会計の体系や技法そのものに関しては,大企業も中小企業も何ら変わりがないと考える。規模の違いによるデータの質や量に違いは出てくるだろうが,分析の装置は同じものが利用される。それでは,管理会計としての簿記の役割の違いはどこに出てくるのだろうか? それは,前述の記録と管理におけるウェイトである。

　大企業では,記録行為そのものによる管理も行われているが,よりウェイトを占めているのが,記録行為の結果による管理である。簿記による記録の結果を,セグメント別損益計算書にインプットして業績管理をしたり,予算システ

ムにインプットして予算実績差異分析を行う．簿記による記録の結果を，種々の管理会計技法にインプットして経営管理を行っている．

　一方，中小企業においては，記録行為そのものによる管理のウェイトが大きいと考えられる．中小企業では，大企業と違い，職能の分業化が進んでいない場合が多い．現場で作業している人間がそのまま記録をとっているという場合も少なくない．そのような場では，記録をとること自体が現場作業者の行動を（無意識的にせよ）管理することにつながりやすい．組織成員の会計記録へのアクセスも，大企業より中小企業の方が容易であろう．また，中小製造企業では，製造環境が単純な場合や，計算に費用をかけられないといった場合には，厳密な原価計算を行っていない，つまり商的工業簿記を行っているケースも多い．その場合でも，前述のように，記録行為そのものによる管理が行われていることになる．

## 7　第5章の結語

　簿記による記録の結果は，管理会計の様々な分析・管理装置にとって不可欠な情報である．その情報は，製品関連の意思決定，予算実績差異分析，原価管理などに用いられる．これは，「記録行為の結果による管理」を行っていることになる．

　また，簿記において記録をとっていく，という行為自体は，管理会計の機能の一部を果たしている．それは，「記録行為そのものによる管理」であり，業績管理会計あるいはタスク・コントロールにおける統制を担っている．したがって，いわゆる「商業簿記」といわれている領域の簿記も，管理会計の機能を持っているということができる[2]．

　大企業においても，中小企業においても，内部報告会計すなわち管理会計は，構造そのものは異なるところはない．しかしながら，簿記が管理会計として果たす役割という点では，前述の記録と管理の関係からすると，大企業においては「記録行為の結果による管理」のウェイトが，そして中小企業においては「記録行為そのものによる管理」のウェイトが大きいと考えられる．

◆注
1 たとえば，櫻井（2015）では次のような体系が示されている（櫻井，2015，29頁）。
　Ⅰ　戦略の策定
　Ⅱ　戦略の実行
　　1　経営意思決定のための会計
　　　①　戦略的意思決定会計
　　　②　業務的意思決定会計
　　2　マネジメント・コントロールのための会計
　　3　業務活動のコントロールのための会計
　このように，戦略の策定までも管理会計の体系にいれようという考え方は，たとえばAnthonyのマネジメント・コントロール論の中にも見受けられる。当初，Anthonyの体系には戦略の策定は含まれていなかったが，Management Control Systemの12版（2007）では戦略の策定までが含まれている。
2 その意味で，各種団体が行っている簿記検定は，ほぼ管理会計のための簿記であるということができる。特に，下級の検定は，「記録行為そのものによる管理」のための簿記であり，業績管理会計あるいはタスク・コントロールのために行われる記録そのものである。

# 第6章

# 財管一致の会計

## 1　はじめに

　近年，実務において「財管一致」あるいは「制管一致」を推進することが唱えられている（清松・渡辺，2015）。財管一致とは，財務会計と管理会計が一致あるいは近似値となっている状態を指す。財務会計の代わりに制度会計という言葉を使った場合，制管一致という表現になる。筆者の感覚では，この財管一致に関しては，会計システムを開発・販売しているベンダーや，実務家あるいは実務に近い研究者からの発信があるものの，その中身については十分に定義・理解されているとはいいがたい状況にある。

　財管一致が主張されるようになった背景の1つに，IFRSの影響がある。IFRSでは，投資家の立場が重視されており，そのために投資家と経営者の情報の非対称性を解消することが重要であると考えられている。経営者が経営判断に用いる情報と，投資家へ開示される財務会計の情報を整合させるような会計処理が要請される。IFRSでいわれている「経営実態に基づき自社で判断する部分」は，経営者が経営上の意思決定を行い，業績を評価するための方法を用いて決定することが求められているという（正司，2012，31頁）。このような制度会計のあり方が，いわゆるマネジメント・アプローチとよばれるものである。

　それでは，IFRSとは関係のない企業では財管一致の問題は考えなくてもよ

いのであろうか？　筆者はそうは考えない。会計が本質的に経営情報システムの1つであると考えた場合，財管一致の問題はどのような企業においても，一考するに値する問題であると考えられるからである。

　本章では，そもそも財管一致とはどういう状態を指すのか，財管一致の状態にあることの経営上どのような意味があるのか，財管一致はどのようにすれば果たせるのか，ということについて若干の検討を加えたい。

## 2　企業における財務会計と管理会計

　財管一致そのものを議論する前に，企業における財務会計と管理会計の関係について考察する。

　中村（2015）によると，企業における管理会計と財務会計の関係は次のように分類される（中村，2015，48頁）。

> ①　管理会計と財務会計は同一である。
> ②　管理会計と財務会計は完全に別である。
> ③　管理会計は内部管理目的であり，財務会計は外部報告目的であり，アウトプット情報は異なるが，インプット・データは同一のものが多いから両会計に利用できるようなシステムである。

　①は，財務会計が法的に作成義務が課されており，経営成績や財政状態を表すものなので，そのまま内部管理用に活用するという考え方である。情報コストの問題もあり，中小企業の多くはこのパターンであるという。

　②は，両計算は目的が異なるので，インプット・データとアウトプット情報も別にするという考え方である。どちらかというと管理会計を重視する立場である。これは，規模が大きく，事業内容が複雑な大企業に従前取られていた考え方であるという。

　③は，ITが浸透し，かつ業務処理情報と会計情報との一体化が可能となった現在の大企業の考え方であるという。

これらの考え方は，管理会計と財務会計のシステム設計上の立場の違いでもあるが，どちらの会計を重視するかの違いでもあるという。これについて，中村（2015）は，「財務会計が主人であり，管理会計は財務会計に奉仕する従僕である」という立場をとってきた。その理由として，次のように述べる。

> 「…財務会計は当該企業が好むと好まざるとを問わず財務会計基準等法令によって強制されるものであり，その実績報告書によって企業が公に評価されるからである。その評価を高めようとするのが管理会計であってみれば，財務会計に奉仕するのが管理会計ということになる。」（中村，2015，48頁）

筆者にとっては，この主張にあるような，どちらの会計が主で，どちらの会計が従である，という議論はどうでもよい。しかしながら，2つの会計が連動・連結していなければならない，という点には同意する。つまり，筆者の立場は，管理会計を活用して行われた利益最大化のための最適資源配分の成果が，財務会計で表示される利益に反映されていなければならない，というものである。むしろ，強いて言うならば，筆者は中村（2015）とは逆の立場であるといってもよい。財務会計の利益は，投資家向けの情報であると同時に，企業の戦略や目標がいかに企業全体の財務数値として達成されたのか，ということを表す究極の経営情報でもある。こういった意味では，財務会計と管理会計が乖離しているのは好ましい状況であるとはいえない。

## 3 財管一致の本質

### 3.1 財管一致の状態

先に述べたように，財管一致の状態とは，財務会計と管理会計が一致しているか，近似値である状態をいう。完全に一致していない場合でも，その違いが合理的に説明できるようであれば，財管一致の状態となる。しかしながら，単に財務会計と管理会計の数値が一致しているだけでは，真の意味での財管一致の状態とはいえない。財務会計情報としても，管理会計情報としても有用であ

る上で，数値が一致（あるいは説明のつく状態で近似）している必要がある。

たとえば，経営情報として意識することなく制度にしたがって作成された財務会計の数値を管理会計目的に用いているような場合，外形的には財管一致している状態である。しかし，多くの場合，このような情報では経営管理には役に立たないであろう。このような現象は，かつてJohonson and Kaplan（1987）で指摘されている。当時のアメリカの管理会計は財務会計に引きずられている状態であった。GAAPや税務の規制のために作成された財務会計情報をもとに管理会計情報が作成されている状況であり，そこには管理会計の「適切性の喪失」が生じており，その管理会計情報は経営管理には役立たないものとなっていた。たとえ形式的に財管が一致していても，そのような一致は意味がない。

したがって，企業全体の活動の成果を適正に示す財務会計としての機能と，経営管理に役立つ情報を提供する管理会計としての機能の両方を果たす状態での一致でなければ，真の財管一致とはいえないであろう。

## 3.2 経営者の習性と財管一致

財管一致が求められる背景の大きなものの1つに，経営者の習性ともいうべき感覚がある。

クレジット会社と製薬会社で財管一致の会計システムを構築した経験のある三和化学研究所・経営管理部長（当時）の中野晴之氏によると，経営者は，提出された資料に整合性や統一性がないと安心しないという[1]。いいかえると，経営者は，会社の全体情報である財務会計の数値と，部分情報である管理会計情報の数値（の合計）が一致しているか，その差が説明・理解できるような経営情報の資料を求めているということである。

財務会計の利益と管理会計資料の利益が一致しない，といった場合，「何か隠されていないか？」「何か漏れているのではないか？」と疑心暗鬼になるという。一方，一致していないとしても，その差が明確に説明される場合には経営者はその資料に納得するという。たとえば，製薬会社では，収益を，財務会計用には医薬品卸への製商品の出荷日をもって認識し，管理会計用には医薬品卸が製商品を医療機関等に販売した日をもって認識することがある。この場合，計算される売上高や利益が両者で一致しないことがある。しかしながら，その

違いは在庫の差によって説明することができ，経営者もそれで理解・納得する。財務会計の資料と管理会計の資料に整合性がある状態である。したがって，このような場合は財管が一致している状態であるといえる。財管一致した会計数字は，経営者の経営判断を疑問なく進める上で重要なものである。

### 3.3　財管一致の現状

　わが国における財管一致の現状について調査したものに，川野（2014）がある。これは，2011年度から2012年度に行われたアンケート調査の結果である。そこでは，「財務会計と管理会計の利益は一致するか，あるいは近似値になる」と答えた企業が85.2％（185社中154社）であったという。この結果に対して，川野（2014）は，①複数の会計制度を持つことの煩雑さから元々財管一致指向が日本では強い，②四半期報告の実施により，四半期単位で開示される財務諸表と月次決算による管理会計の財務諸表の数字が異なることに違和感を覚える経営者が増えたこと，③ERPの導入を機に財管一致の会計制度に切り替えた企業があったこと，などをその理由としている。

　これに関連する質問として，管理会計レポートの作成方法に関する質問を設けている。その結果は，「財務会計数値を細分化して，管理会計の数字としている」が52.2％，「管理会計の数字を積み上げ（集計）し，財務会計の数字としている」が22.3％，「財務会計と管理会計の数字は別々に作成している」が23.4％，というものであった。これに対し川野（2014）は，四半期決算などの早期開示が社会的に要請されているため，財務会計を優先せざるを得ないという企業の事情からであると考えている。

　このアンケート結果から，わが国では外形上は財管一致の状態にある企業が多いとはいえ，内容を見ると，財務会計と管理会計の両方の機能を十分に果たしている状態の財管一致になっているかというと疑問を持たざるを得ない。川野（2014）が指摘するように，多数の企業では，財務会計に引きずられる形で管理会計情報が作成されているため，会計から得られる情報が経営管理用の情報としては十分機能していないおそれがある。

## 4　財管一致へのアプローチ

### 4.1　マネジメント・アプローチと財管一致

「はじめに」でも述べたように，財管一致が唱えられるようになった背景の1つにIFRSによって打ち出されているマネジメント・アプローチの影響がある。正司（2012）では，IFRSのマネジメント・アプローチの概念として，経営と制度会計，管理会計の関係と，IFRSのマネジメント・アプローチの概念からの財管一致について，「経営と会計の融合」という形で**図表6-1**のように示している。なお，正司（2012）では会計を制度会計と管理会計とに二分し，この両者の一致ということで制管一致という用語を用いている。

**図表6-1　経営と会計の融合**

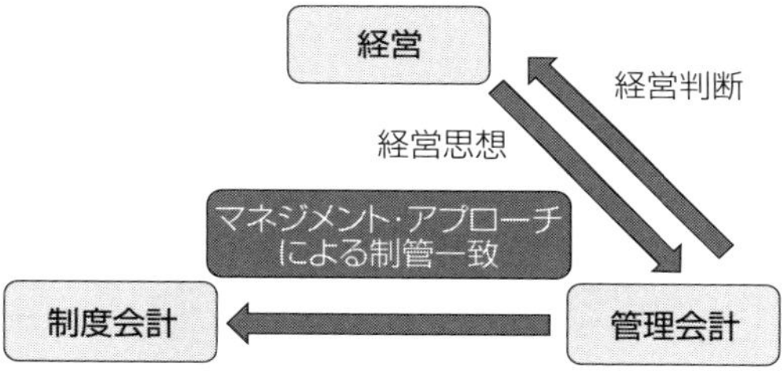

経営 ⇄ 管理会計（経営判断／経営思想）
マネジメント・アプローチによる制管一致
管理会計 → 制度会計

（出所：正司，2012，36頁）

正司（2012）は，日本企業における経営と会計の関係について4つのパターンに整理している（**図表6-2**）。

パターン1は，経営と会計が分断されているパターンである。経営者が会計の数字とは関係なしに，独自の経験と勘に基づき経営判断を行う。

パターン2は，管理会計に基づいて経営判断を行っているが，制度会計とは切り離して運用しているパターンである。

パターン3は，制度会計から出てきた数字を用いて経営判断を行っているパターンである。正司（2012）は，日本企業において財管一致を本来の方向とは逆

方向から考えてしまったケースとして，非常に頻繁に見受けられるとしている。

パターン4は，制度会計が経営判断に影響を与えるパターンである。

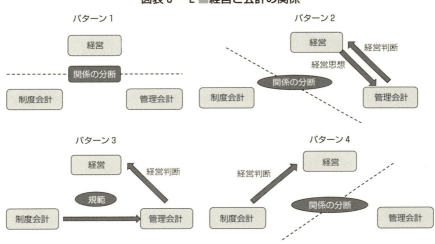

図表6－2 ■経営と会計の関係

（出所：正司，2012，32-36頁）

　財管一致の状態にあっても，パターン3の場合は，正司（2012）も指摘するように，「逆方向」からのアプローチであると思われる。このパターンが非常に多い，ということは，前述の川野（2014）のアンケート結果からも裏付けられる。財務会計（制度会計）情報は高度に要約されており，不可逆的であることが多い。財務会計をベースとして管理会計用の情報を作ろうとすれば，部分要素の情報を作るために，何らかの配分処理が必要になる。そこには主観や恣意性介入の可能性も排除できない。

　こういった状況を回避するには，各種勘定を管理用に細分化して設定して記録を行い，それを財務会計用に要約するようなシステムが必要である。したがって，財務会計と管理会計で同一のデータベースを用いることが鍵となる。

## 4.2　財管一致のための管理会計システム設計の理念

　財管一致をいかなる状態で実現させるか，ということについて，別の角度か

らも検討しよう。財管一致した会計数字が，管理会計用の数字としても十分に機能するためには，要約されたトップの経営判断に用いられる情報（財務会計情報・管理会計情報）と，ミドルマネジメント層が戦略の実行に用いる情報（管理会計情報）および実際に現場で現業管理（タスク・コントロール）するための数字（管理会計情報）との間にも整合性がとれていなければならない。

Anthony and Govindarajan（2007）のマネジメント・コントロール論では，マネジメントの階層とマネジメントの活動について分類がなされている。それは**図表6－3**の通りである（図表5－2の再掲）。

図表6－3 ■管理階層と経営管理機能

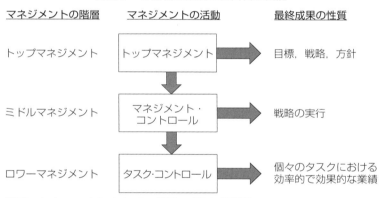

（出所：Anthony and Govindarajan, 2007, p. 7に加筆修正）

ロワーマネジメントが必要とする情報は，現場の管理に必要な詳細な部分情報である。加えて，その情報には財務的な情報だけでなく，物量等の非財務的情報も含まれる。

ミドルマネジメントでは，戦略の実行のための資源配分に関する情報が必要となる。それは，ロワーマネジメントの情報がある程度要約されたものであると同時に，トップが見るものよりも細分化されたものになる。具体的には，予算という形で計数化された情報になる。

トップマネジメントが用いる会計情報では，目標や戦略，方針といった企業の方向性を定める大きな意思決定，経営判断に必要な数字が求められる。そこ

では，企業の目標や戦略の期間的な成果としての財務会計の利益と，高度に要約された経営判断用の管理会計の利益が必要となる。両者の情報に説明のできない乖離があれば，トップマネジメントは適切な経営判断を下すことはできない。したがって，トップマネジメントが見る情報は，財管一致の状態であることが望ましい。

　管理会計システムとして重要なのは，ロワーマネジメントのレベルの情報の積み重ね（集計）がミドルマネジメントの戦略実行のための情報と整合性がとれており，それがさらにトップが見る経営判断のための情報と整合性がとれていることである。そしてそのトップが見る経営判断の情報（管理会計）の利益が財務会計の利益と整合性がとれていれば，財管一致の状態になる（**図表6－4**）。つまり，タテとヨコの整合性が取れていれば，現業管理のための現場の詳細情報も財務会計の利益と整合性が取れている状態となる。そのためには，管理会計の中で一貫したデータベースを用いることと，管理会計と財務会計で同一のデータベースを用いることが不可欠になる。

**図表6－4　ヨコの整合性とタテの整合性**

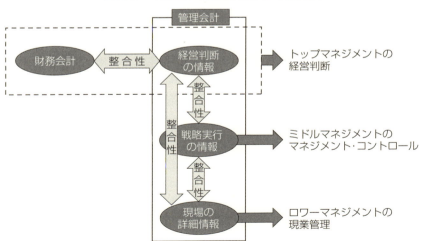

（出所：高橋，2017c，75頁）

## 4.3 財管一致システムの構築とデータベース

　以上の議論から，財管一致の会計システムの構築には共通のデータベースの運用が鍵になりそうである。実際の財管一致のシステム構築ではどのようにデータベースが活用されるのか。それを確認するために，財管一致のシステム構築について，前述の中野氏が手がけたクレジット会社A社における事例を，中野（2008）をもとに紹介する。

　もともとA社では，管理会計における損益は日々の営業活動に直結した指標をもとに構成されており，収益や貸倒費用の計上のタイミングが早い。また，損益の構成においても粗利益という考えを取り入れて損益の組み替えを行っている。そのため，財務会計での営業利益と，管理会計での利益（A社では管理損益という言葉を使っている）が異なっている状態であった。

　従前利用されていたシステムは，パソコンの表計算ソフトをベースとしたものであり，経営のインフラとしての脆弱性が懸念されていた。さらに，財務会計情報と管理会計情報が別々のシステムで作成されていた。たとえば，両システムから出力される取扱高は必ずしも一致しておらず，その差異について補足説明をする必要があり，「経営判断を行う場において，数値の意味する内容よりも，それぞれのシステムが生み出した差異の原因分析に時間を取られるという非効率な状況」を生み出していたという（中野，2008，81-82頁）。

　このような問題を克服するために，新しい会計情報システムを開発した。新会計情報システムでは，業務システムから，取引の最小単位のデータを蓄積するデータウェアハウス（Data Warehouse：DWH）を経由して，財務会計と管理会計へ同一方向にデータが流れる構成とした。システムの構築には，SAP社のERPを導入した。財務会計領域の構築にはR/3（Real Time/3）を用い，管理会計領域の構築にはBW（Business Information Warehouse）とよばれるBI（Business Intelligence）ツールを用いた。

　新システムでは，業務システムと会計情報システムとの間に，取引の最小単位である契約明細単位のデータを蓄積するDWHをおき，自動仕訳の生成や収益の期間按分等の計算を行う機能を開発したという。R/3では決算・経理業務や，その内訳としてのセグメント別決算を，BWでは貸倒引当金の計算や，加

盟店の採算管理をシステム化した。予算管理システムでは，それらの実績データをもとに，表計算ソフト等の簡易ツールを使って予実管理を行ったという（中野，2008，82頁）。そのようにして開発された新会計情報システムの全体構成は，**図表6－5**の通りである。

　このように，A社の事例では，会計情報の最初の段階で最小取引単位で情報を収集し，その蓄積された情報をもとに，財務会計のシステムと管理会計システムへそれぞれ必要な情報を出力するというシステムを構築した。つまり，このシステムでは，管理会計にも財務会計にも活用できるような詳細な単位での集計と，財務会計と管理会計での結果が一致（あるいは近似）するための同一のデータベースを使った情報への加工というプロセスが含まれていることになる。このことにより，財管一致の会計システムの構築がなされたのである。

**図表6－5■新会計情報システムの全体構成**

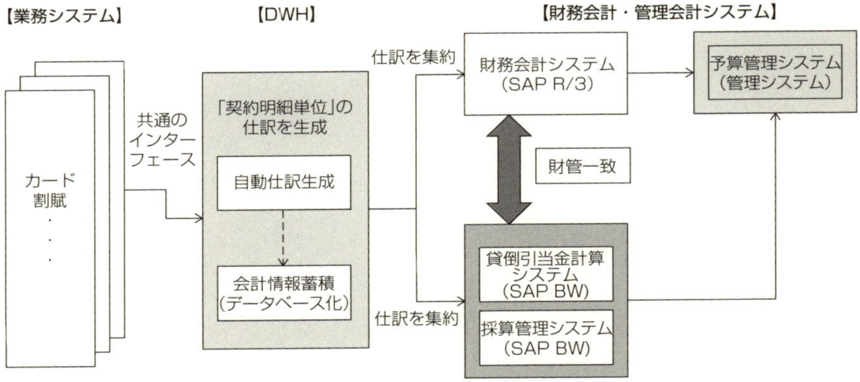

（出所：中野，2008，83頁）

## 5　第6章の結語

　財管一致は，1966年に公表されたASOBATにあるような，「会計は本質的に情報システムである」という命題を具現化するものである。ASOBATでは，「内部経営者が利用する会計は，広く経済的概念にもとづきながらも，経営に

関するしだいに増加してゆく知識から生ずる諸概念もふくまれなければなら」ず，さらに「外部報告もその領域を拡大して，経営活動および経済構造，さらにおそらく経営計画の測定までも含有するようになる」と考えている（Comittee to Prepare a Statement of Basic Accounting Theory, 1966, p.2)。これについて新井（1971）は，「いわゆる財務会計と管理会計の両者が，情報提供という1つの包括的な目的観のもとに統合されている」としている（新井，1971，130頁）。すなわち，これは財管一致の状態に他ならない。

　企業のグローバル化が進んでいる昨今，財管一致の会計システムに対する需要は大きくなっていくものと思われる。多様な国，地域で事業を展開している企業にとって，経営トップが最終的に判断を下すための経営情報は，どうしてもその範囲に比べて相対的には要約されたものになってしまう。そのような情報と，セグメント情報（国，地域）の積み上げが一致していないと，適切な経営判断や経営の診断はできないであろう。その意味ではグローバル企業でのIFRSの導入と，IFRSにおけるマネジメント・アプローチは，財管一致を促進する1つの大きな「外的要因」となるであろう。

　また，内的要因としては，情報コストの低下があげられる。本章で議論したように，財管一致を果たすには，強力なデータベースと情報システムの活用が必要となるが，昨今はクラウドの活用などもあり，ERPなどのような統合情報システムの導入と運用のコストは，以前に比べて大幅に減少している。このような，情報コストの低下は，財管一致を促進する1つの大きな「内的要因」となるものと思われる。

　そもそも企業においては，財務会計と管理会計というものが，研究や教育でのレベルほど，明確に区別あるいは区分されていないように感じる。企業にとってはあくまでも「会計」は「会計」である。1つの「会計」から投資家向けの情報と，経営管理用の情報をアウトプットする，というのが実態であろう。その意味では，「会計」から投資家向けの情報としても経営管理用の情報としても十分利用に耐えうる情報をアウトプットできる仕組みを考える必要がある。これは，単にデータベース構築の問題にとどまるものではない。どのような思想で会計というものを捉えるのか，そしてその思想をもとにどのように会計システムを構築するのか，という問題である。その意味では，財管一致の問題に

ついてさらなる検討を続けていくことが重要であると考えられる。

◆注
1　中野氏のコメントは，インタビュー調査（2016年12月13日，於三和化学研究所）におけるものである。

# 管理会計システムとしての直接原価計算の再評価

## 1　はじめに

　第6章において，財管一致の会計システムの可能性について検討した。その焦点は，管理会計による最適な資源配分の結果が，企業全体の業績を表す財務会計にいかに忠実に反映されるか，という点である。ここで問題になるのは，どのような管理会計システムを経常的に行うか，ということである。

　経常的に行われる管理会計システムとしては，直接原価計算があげられる。直接原価計算は，経常的に行われる損益計算書上で貢献利益を表示する。文献上，初めて直接原価計算が現れたのは，Harris（1936）の「先月我々はいくら儲けたか？」である。直接原価計算のコアである貢献利益による収益性分析やCVP分析による利益計画は，それ以前にも特殊原価調査として行われていた。言い換えると，固定費を製品に配賦する全部原価計算が経常的に行われ，貢献利益分析やCVP分析は臨時的な特殊調査として行われていた。直接原価計算ではその関係が逆になり，貢献利益の計算が経常的に行われ，固定費の配賦は必要に応じて特殊原価調査として行われることになる。

　直接原価計算は，第二次大戦後にアメリカにおいてその経営管理機能が注目され，大いに普及した。わが国においても，1950年代から導入され普及した。それはアメリカからの輸入ではあったが，単純な移植ではなく，日本の雇用・賃金支払体制や経営上の課題に合わせた工夫が施された上で導入されたもので

あった（高橋，2019）。

1980年代後半，Johnson and Kaplan（1987）のRelevance Lostの刊行を機に，それまでの管理会計を見直そうとする機運が高まった。その動きの中で，直接原価計算は伝統的な手法の1つとして批判を浴びるようになる。

しかしながら，一時的に批判を受けるようになったとはいえ，直接原価計算は経営管理用のツールとして一定の支持を受け続けた。さらに，2000年代に入ると，競争環境の変化から，固定費を総額として管理するという機能が再評価されるようになった。

本章では，直接原価計算の経営管理機能，固定費の総額管理の技法としての再評価，そして，新たな可能性としての資金回収計画への役立ちについて論じる。

## 2　2000年代における直接原価計算の再評価

### 2.1　高度経済成長期以降の直接原価計算

わが国において，1950年代に導入が始まり，1960年代までに学界・産業界で大きな注目を浴び，普及していった直接原価計算であったが，その後は企業の経営管理のツールとして安定的に採用されている。たとえば，西澤（1995）の調査などでは，回答174社中72社（41.4％）の企業で直接原価計算が採用されていた。また，1990年代も実務での適用事例が報告されている（田中，1991；佐藤・豊島，1997）。

2000年代に入ると，わが国において再び直接原価計算の機能を再評価しようという動きがあった。ここでは，その事例としてコマツと旭有機材工業（現旭有機材）の事例を取り上げる。

### 2.2　コマツの経営改革とSVM管理

2002年3月期営業損失132億円，当期純損失806億円となったことを契機として，当時の坂根社長がコマツの「構造改革」をスタートさせた。「成長とコス

トの分離」とよばれる成長に伴い変化しないはずの固定費を適切な水準に抑え，他方で成長へ向けた投資が積極的に行われた。この「構造改革」に際して全社的に導入されたのがSVM（Standard Variable Margin：標準変動利益）管理である（浅田・吉川・上總，2016）。これは直接原価計算方式に他ならない。

　坂根（2011）によれば，「構造改革」当時のコマツは非常に大きな問題を抱えていた。アメリカの競合他社とコマツのアメリカ工場のコスト比較をすると，生産コストはコマツの方が安い。しかしながら，利益で競合他社に劣っていた。その根本的な原因は「固定費」にあると考えられた。社内に蓄積されてきた「無駄な事業や業務」によってコマツは固定費が高すぎる状態にあった。事業の多角化を進め，多くの子会社を作ってきたが，景気が落ち込んで不採算になっても，雇用を維持するためにそうした事業を続けてきた。それを許す体制・体質が高い固定費を生み出していたという。雇用の維持によって人件費が固定費を押し上げていたのだと推定できる。その対策として，固定費の「見える化」に取り組んだ。その一環として行われたのが，SVM管理である。その構造は**図表7－1**の通りである。

**図表7－1 ■SVMの計算構造**

| 売上高 | SVC＋販売直接費 | SVC (Standard Variable Costs) | 直接材料費／補助材料費／社内加工費 |
|---|---|---|---|
| | | 販売直接費 | 販売に関する梱包費／運送費など |
| | SVM | OVC (Overhead Costs) | OVCⅠ（品質保証費用） |
| | | | OVCⅡ（社内加工費配賦差異／予定原価差額／棚卸資産評価損益） |
| | | | OVCⅢ（低価法等の決算処理による損益） |
| | | CC (Capacity Costs) | 工場管理費／生産設備関連費／その他の管理部門費 |
| | | 営業外損益 | |
| | | 税引前利益 | |

（出所：浅田・吉川・上總，2016，157頁に一部加筆）

　SVM管理導入以前は，固定費をすべて含めた機種別全部原価計算を行っていた。多くの配賦基準を用いた精緻な配賦計算のもとでは固定費の増大に歯止

めがかからなかった。そこで，固定費は変動費と分離し，固定費自体を配賦することなく総額として予算管理する方が望ましいと考えた。SVM管理とTQCを組み合わせて実施したことにより，経営改革が成功した。

## 2.3　旭有機材工業における直接原価計算の導入

2000年代に直接原価計算を導入した事例としてもう1つあげられるのが，旭有機材工業の事例である（中村・高橋，2013）。旭有機材工業は，工業用樹脂・プラスチックバルブを中心とした製品とサービスを提供しているBtoB企業である。2000年当時，内需の低迷と熾烈な競争環境に直面していた。国内の競合他社は7社であり，お互いの顔が見える状態での熾烈な競争であった。また，一部の競争相手は当社より多くの研究・開発や製造・販売における資源を持っており，価格競争の障害となっていた。加えて，アメリカや中国に生産拠点を展開しており，海外子会社に対してどう事業責任を割り振るか，移転価格をどう設定するか，等が悩ましい問題となっていた。

このような状況にあるにもかかわらず，当社ではそれまで本格的な管理会計システムがなく，財務会計の情報を流用していた。折しも，当時社長に就任した人物が管理会計に長けている人であった。そこで，新社長の旗振りのもと，2000年から管理会計システムの導入に踏み切った。

当社の管理会計システムは，ERPをベースとしたものである。そこで導入されたのは，標準原価計算，予算管理，設備投資の経済計算としてのDCF法（NPV，IRR），そして直接原価計算であった。ERPの導入で，ABCの情報が入手可能とはなっていたが，当社では役に立つ情報だとは感じられず，採用されていない[1]。

直接原価計算は，利益計画や業績評価のための内部用の計算として採用された。その計算構造は**図表7-2**の通りである。

売上高から製造比例費と販売比例費を控除して限界利益を計算し，その限界利益から直課固定費と配賦固定費を控除してDC利益を計算している。この直接原価計算によって，製品別，エリア（営業所，プラント）別，マーケット別の収益性分析を行っている。

**図表7－2 ■旭有機材工業の損益計算書**

| | |
|---|---|
| 売上高 | ××× |
| 製造比例費 | ××× |
| 販売比例費 | ××× |
| 限界利益 | ××× |
| 直課固定費 | ××× |
| 配賦固定費 | ××× |
| DC利益 | ××× |

（出所：中村・髙橋, 2013, 171頁）

## 2.4　2つのケースからの示唆

　コマツにおいても，旭有機材工業においても，直接原価計算の導入のきっかけは，競合他社との熾烈な競争である。そのポイントは，増大し続ける固定費をいかに管理していくのか，ということである。

　コマツでは元々行っていた精緻な配賦計算，旭有機材工業ではERPからの情報として，両社ともにABCを用いる素地があったにもかかわらず，競争に対処するためには，当時学界では話題になっていたABCではなく，「古典的な」直接原価計算を導入している。両社ともに，ABCを導入するよりも，直接原価計算によって固定費の総額管理をする方が有効だと考えていた。特にコマツでは，事業の多角化と雇用の維持という点から人件費の増大による高い固定費の問題に悩まされていたため，直接原価計算による固定費の「見える化」と総額管理は多いに機能したのである。　日本大学商学部会計研究所の2002年の調査では，直接原価計算の実施状況として，製造業では回答98社中34社（34.69％），非製造業では回答80社中49社（61.25％）と，非製造業において直接原価計算がより多く採用されているという結果が出ている。原価の中で人件費の構成比が多いと考えられる非製造業において直接原価計算がより高い比率で採用されているというのは興味深い事実である。非製造業では人件費の管理を，配賦計算ではなく総額管理によって行おうとしているのではないかと推測される。

　元々，直接原価計算において固定費の総額管理をするという実務は古くから行われていた。たとえば，旭化成の事例（青木他, 1963）などがある。2000年代，固定費の増大という問題が浮上したため，この機能が再評価されたといえる。

## 3　資金管理と直接原価計算：直接原価計算の新たな可能性

### 3.1　直接原価計算の損益計算構造と投資回収

　前節では，直接原価計算の機能の再評価の事例を扱った。本節では，直接原価計算の新たな可能性を探る。それは，資金回収計画への役立ちである。特に中小企業では，資金繰りに窮した結果倒産に追い込まれるケースが多い。直接原価計算の損益計算構造を工夫することで，事業に投下した資金の回収計画に役立つ情報を得ることができるようになる。

　直接原価計算は，ある面から見ると，投資の回収に順位をつけた損益計算であるといえる。売上高から，さしあたっての営業循環（再生産と販売のサイクル）を回すのに必要な短期的な原価である変動費（典型的には原材料費）をまず回収し，貢献利益の総額によって比較的長い期間で回収すればよい固定費を回収する。

　固定費についても，比較的短期に回収しなければならないものと，中・長期的に回収すればよいものに分類することができる。たとえば，人件費や家賃・リース料などの，現金で毎月支払わなければならない固定費は，月次で回収することが必要である。一方，減価償却費は，その耐用年数にわたって回収すればよい。

　その観点から作成した損益計算書が，**図表7－3**である。図表7－3の減価償却控除前利益は，現金収入の近似値である[2]。また，変動費を原材料費のみ

**図表7－3　直接原価計算の損益計算書**

| | |
|---|---|
| 売上高 | ××× |
| 原材料費 | ××× |
| 　貢献利益 | ××× |
| 人件費 | ××× |
| その他現金支出固定費 | ××× |
| 　減価償却控除前利益 | ××× |
| 減価償却費 | ××× |
| 　営業利益 | ××× |

（出所：高橋，2017d，54頁）

としているため，この貢献利益は，TOCでいうところのスループットと同じようなものになる[3]。

## 3.2 大綱的投資回収計画

### (1) 投資回収と複数の損益分岐点

　図表7－3の損益計算書の考え方を視覚的に工夫すれば，大綱的な投資回収計画に役立てることができる。損益分岐図表（利益図表）において，原価の記載順を工夫することによってそれは可能となる。過去に行われたそのような可視化の取組みの例としては，Knoeppel（1933）やGardner（1940）があげられる。

### (2) 利益の実現順とKnoeppelの利益図表

　「利益工学」で有名なKnoeppelは，それまでの研究成果の集大成である1933年の著書で，**図表7－4**のような利益図表を提示している。

　図表7－4を見ると，まず変動費から原価線を引き，その上に平行に固定費線を引いている。変動費線と売上高線の差分が貢献利益となる。そして，原価線の上に，支払利子，所得税，優先配当，普通配当，剰余金が乗せられている。原価を回収したあとに，これらの金額を実現するために必要な売上高が視覚的にわかるようになっている。つまり，この図表では，原価を回収したあとに実現すべき利益に優先順位をつけ，複数の損益分岐点が示されているのである。

　図表7－4では，固定費より先に変動費を回収するということが意識されている。変動費に関しては，原材料費，労務費，変動製造原価，変動管理費，変動販売費の順に記載されている。この並べ方は，営業循環を回していくための再生産・再販売に必要な優先度を表している。一方，固定費については，固定製造原価，固定管理費，固定販売費の順に記載されている。これも固定費に回収順をつけようというKnoeppel（1933）の意図が表れている。

　所要の利益を実現した売上高には名称がつけられているものの，それぞれの原価（固定費）を回収した売上高に関しては，これといって名称もつけていない。Knoeppel（1933）の関心は，もっぱら利益の実現順にあり，原価の回収を所与として，利益管理を行おうとしていたと推測される。

110　第Ⅱ部　情報システムとしての管理会計：財管一致の会計

図表7－4　Knoeppel (1933) の利益図表

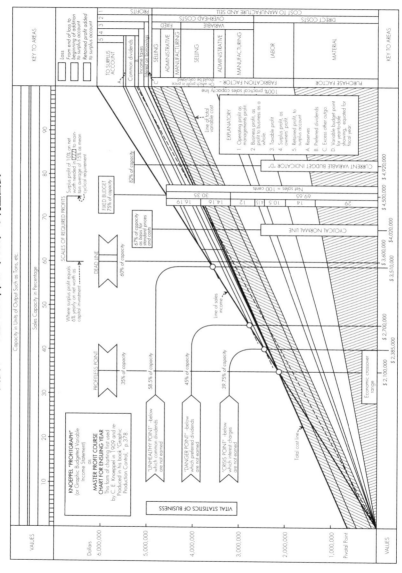

（出所：Knoeppel, 1933, p. 1）

### (3) Gardnerの利益図表

Gardner（1940）の利益図表においても，Knoeppel（1933）と同様に，総原価線の構成は原価の回収順になっている。それが**図表7－5**である。図表7－5と図表7－4との大きな違いは，固定費の回収順である。図表7－5では，それが固定製造原価，固定販管費，減価償却費の順となっている。減価償却費は網掛けでハイライトされ，他の固定費と区別されている。これは，固定費を，現金支出固定費と非現金支出固定費（減価償却費）とに区別し，現金支出固定費を先に回収しようという意図の表れである。現金支出固定費を回収した時点の売上高を，現金支出回収点（out of pocket recovery point）とよんでいる[4]。そこから減価償却費を回収した売上，つまりすべての固定費を回収した点が，損益分岐点である。図表7－5を見れば，Gardner（1940）においては，損益分岐点に至るまでの原価の回収順に特に注意を払っていたことがわかる。

### (4) 大綱的投資回収計画

Knoeppel（1933）やGardner（1940）のような複数の損益分岐点をもつ利益図表を参考にして作成した大綱的投資回収計画を図表化したのが，**図表7－6**である。

図表7－6では，固定費を，まず現金支出固定費と減価償却費（非現金支出固定費）とに分類する。現金支出固定費のうち，まずは人件費を確保したい，と考えるのであれば，これを変動費線の上に記載する。次にその他の現金支出固定費を記載する[5]。そして最後に減価償却費を記載する。このように原価を分類して記載した場合，図表7－6では，3つの損益分岐点（bep 1，bep 2，bep 3）が算出される。

bep 1は，変動費（原材料費）と人件費が回収し終わった売上高である。営業循環を回し，人件費を滞りなく支払うために必要な，月次では最低でも確保しなければならない売上高である。bep 2は，そこからさらにその他の現金支出原価を回収した売上高である。月次の営業を維持していくために必要な売上高である。これは，前述のGardnerの現金支出回収点と同じものである。bep 3は，減価償却費を回収し終わり，会計的な利益が出始める売上高である。これは，一般的な損益分岐点である。

112 第Ⅱ部 情報システムとしての管理会計：財管一致の会計

図表 7 – 5 ■ Gardner（1940）の利益図表

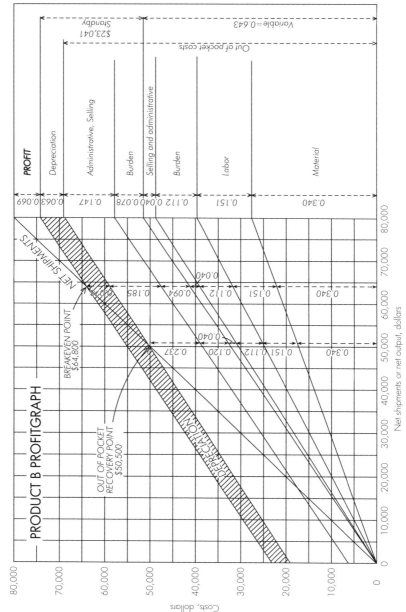

(出所：Gardner 1940, p. 348)

第7章 管理会計システムとしての直接原価計算の再評価 113

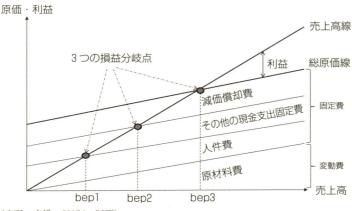

図表7-6 ■大綱的投資回収計画

（出所：高橋, 2017d, 56頁）

　この図表7-6によれば，事業に投資した資金をどのように回収していけばよいのか，ということが視覚的にわかる。もちろん，これは大綱的なものであり，これと信用予算を組み合わせることによって，実際に運用する詳細な資金計画・資金繰り計画が作成される。

## 4　第7章の結語

　本章では，管理会計システムとしての直接原価計算の再評価と，新たな機能の可能性について述べた。

　近年，企業では増え続ける固定費，特に人件費の管理が問題となっている。産業構成において非製造業の比率が大きくなっている昨今では，この問題はますます重要な課題となるであろう。その意味では，固定費（人件費）を総額で管理する直接原価計算の役割は，ますます重要なものになっていくと思われる。

　また，固定費の回収順に優先順位をつけることで，資金回収計画への役立ちが可能となる。特に中小企業では，日々の資金繰りが経営上の課題となることが少なくない。これについては，1930年代から1940年代に考案された利益図表

の考え方を応用することで直接原価計算の機能を強化することができる。

　以上の点から，管理会計システムとしての直接原価計算を，現代の企業においても積極的に運用すべきであると考える。ただし，直接原価計算を採用していない理由の1つとしてよくあげられるのが，外部報告との調整が煩わしいという問題である。直接原価計算は外部報告（財務会計）と親和性がないのか？次章では，この問題について検討する。

---

◆注

1　旭有機材工業が導入したERPはもともと他社でカスタマイズされたものであり，ABCの情報がとれるように，というのは当社が求めた仕様ではなかった。
2　信用取引があるため，現金収入そのものにはならない。
3　スループットをいかに計算するか，ということについては諸説ある。Noreen, Smith and Macky（1995）が次のような分類を行っている。

| 伝統的変動原価計算 | 直接労務費を固定費に分類する変動原価計算 | スループット会計 | 単純化したスループット計算 |
|---|---|---|---|
| 収益<br>　－直接材料費<br>　－直接労務費<br>　－変動製造間接費<br>＝貢献利益<br>　－固定費<br>＝利益 | 収益<br>　－直接材料費<br>　<br>　－変動製造間接費<br>＝貢献利益<br>　－固定費<br>＝利益 | 収益<br>　－完全な変動費<br>　<br>　<br>＝スループット<br>　－業務費用<br>＝利益 | 収益<br>　－直接材料費<br>　<br>　<br>＝スループット<br>　－業務費用<br>＝利益 |

（出所：Noreen, Smith and Macky, 1995, p. 14）

4　信用取引がない，あるいは，掛の支払いや回収が当該期間内に終了しているという前提である。
5　人件費よりも光熱費や家賃等の現金支出固定費の支払いを優先させたい，ということであれば，この順番は逆になる。それは企業の裁量である。

# 直接原価計算と財務会計：
# 財管一致と直接原価計算

## 1 はじめに

　現行の財務会計の実務では，製品原価計算は全部原価計算を前提に行われている。すべての製造原価を製品原価とする全部原価計算に対して，製造原価の一部を製品原価とする部分原価計算という考え方もある。その代表が，製造変動原価のみを製品原価とする直接原価計算である。直接原価計算の利益計画や業績管理などへの有用性は，広く知られているところである。

　しかしながら，一般に，直接原価計算は内部報告用の会計として利用され，外部報告には用いることができないといわれている。内部報告用に直接原価計算を用いていても，外部報告には全部原価計算による利益に調整している，というのが実態である。

　高橋（2003）の調査によれば，製造業における直接原価計算の採用企業は98社中34社（34.69％）であった。川野（2014）の調査では，全業種186社中69社（37.1％）が直接原価計算を採用していると回答している[1]。川野（2014）の調査結果によれば，直接原価計算の実施目的で上位であったものは，「損益分岐点の引き下げを目標とした原価管理等の強化に資するため」（29％），「予算統制の強化に資するため」（27.5％），「損益分岐点分析を使って，利益計画の立案に資するため」（18.8％），である。また，「外部財務報告用に利用するため」という回答も，6社（8.7％）あった。

最後の回答,「外部財務報告用に利用するため」という回答が少数とはいえ未だにあるというのは,直接原価計算が外部報告用,つまり財務会計の一方法として選択される余地が実務的には存在しているということを示している。

直接原価計算は,「原価計算」という名称ではあるが,本質的には損益計算の方法である[2]。直接原価計算では,企業の期間損益を決定する際に,製造固定費を製品的対応ではなく,期間的対応をさせる。制度が何を要求しているのか,ということはさておき,企業の損益計算の選択肢の1つである。

財務会計(外部報告)に対する直接原価計算の適用については,アメリカにおいては後述するように1950年代から60年代に激しい論争があった。わが国においても,1960年代にさまざまな議論が行われている。たとえば,染谷(1964)は,費用収益対応の関係から直接原価計算が外部報告に用いることができると主張している。製造固定費はキャパシティに対する原価であり,そこから生み出される効用は,期間の経過とともに失われていくので,製造固定費は製品を媒体として収益に対応させるよりも,期間を媒体として収益に対応させる方が適しているとしている。一方,滝野(1964)は,直接原価計算の効果は,短期的に1つの変数に基づく効果を測定する方法であるので,短期的結論であるとする。財務諸表から第一義的に得なくてはならないのは長期的にして総合的な結論であるため,生産と販売の企業活動の総合的均衡の上に立った利益,すなわち全部原価計算による利益であると結論している。

制度として認められていないから,という理由で,直接原価計算を財務会計に用いない,というのは,完全な思考停止である。直接原価計算が損益計算機構として会計理論と整合性を持っているのか,また,企業努力の結果を映し出す鏡として,全部原価計算と直接原価計算のどちらが適切であるのか,という議論をする必要がある。

直接原価計算と財務会計の関係を考える際,次のアプローチがあり得ると考えられる。

(a) 財務会計の損益計算構造として直接原価計算を考えるアプローチ
(b) 管理会計と財務会計の連携から直接原価計算を考えるアプローチ

(a)のアプローチは，直接原価計算における損益計算の構造そのものを，財務会計の損益計算構造として考えるものである。収益への費用の対応には，製品的対応と期間的対応がある。前述のように，直接原価計算によれば，製品的対応をする費目は，製造変動費のみとなる。製造固定費は，販売費や一般管理費と同じく，期間的対応をさせることになる。

　(b)のアプローチは，管理会計を活用した利益最大化に向けた行動が，結果として財務会計で表示される利益に反映されるべきである，という立場である。その上で，財務会計の損益計算を直接原価計算方式で行うことで財務会計と管理会計の結果をリンクさせようという考え方である。

　本章では，まず，損益計算構造としての直接原価計算の財務会計への適用可能性について論じる。直接原価計算を財務会計目的に用いることの会計理論上の整合性について考える。次に，管理会計と財務会計の関係，そして管理会計技法としての直接原価計算を財務会計に用いる意義について論じる。この2つのアプローチから，直接原価計算の財務会計への適用の意義について考える。

## 2　損益計算としての直接原価計算

### 2.1　直接原価計算における損益計算の発想

　そもそも，直接原価計算はどのような発想のもとに生まれてきたのか？

　前述のように，直接原価計算が文献上初めて現れたのは，Harris（1936）の「先月我々はいくら儲けたか？」という論文である。これは，化学会社のコントローラーであったHarrisの実体験に基づいたものである。

　この論文は，社長とコントローラーの会話から始まる。社長が問う。なぜ先月より売上高は増加しているのに利益は減少しているのかと。コントローラーは，今月は在庫の販売を優先し，操業度が低かったので，多額の操業度差異が発生し，それが利益の増加分を食いつぶしてしまったのだと説明する。これは会計のルールに従った適切な処理である，という。社長は激怒し，そんな会計ルールはどうでもよく，売上が増加すれば利益も増加し，売上が減少すれば利

益も減少するような損益計算書を持ってこいと厳命した。そこでコントローラーがとった方法が，製造固定費を製品に配賦しない，という直接原価計算方式の損益計算書であった。

Harris (1936) についてはこれまでさまざまな解釈がなされてきた[3]。巻末の付録から，セールスマン別の利益管理を指向したものである，というような解釈もある。しかしながら，筆者はそういった解釈は深読みしすぎなものだと考える。Harris (1936) ではもっぱら社長から提示された課題に答えることにのみ言及されており，利益管理や利益計画といった，直接原価計算（貢献利益）の管理会計的な利用については一切言及されていないからである[4]。もちろん，付録から利益管理への利用がなかったとは言い切れない。しかし，少なくとも Harris (1936) の論点の中心は，利益計算の構造の改善にあったのである。

つまり，管理会計でいうような個別の計算目的を超えた，会計による利益の測定はかくあるべし，というところに論点の中心があったと考えられる。それが結果として，CVP関係の表示やセグメント別の収益性分析といった技法を経常的な損益計算書上で実現できるという（管理会計技法としての）直接原価計算の生成につながったのである。

直接原価計算における，売上高の増減に対応して利益額が増減する，という考え方の背後には，利益と現金との連携があるものと考えられる。初期の直接原価計算の提唱者たちには，利益とは現金と結びついたものであるという発想が根底にある。第二次世界大戦後の Harris (1946,1948) や Clark (1947)，Kramer (1947) などが，変動費を現金支出原価と表現したことも，この発想を表しているものと考えられる。もちろん，貢献利益は現金そのものではない。現代では信用取引が一般的であるし，貢献利益から控除されていない固定費のなかには現金支出費用も存在するからである。しかしながら，貢献利益が現金とリンクしていることは確かである。

金児 (1990) には，現金（資金）と損益の関係について次のような指摘がある。

> 「一般の全部原価計算であれば，製造間接費は製品がよく売れるときは損益計算書へ売上原価として表示されるが，売れないときは貸借対照表の在庫のなかに残ってしまう。売れなくて在庫が貯まってくると時には，資金が大切か損益が大切かと

いう議論にもなりかねない。直接原価計算では，そのような心配は無くなり，製品を高価に大量に売り切り，コストダウンを測ることが，経営上基本的に重要であることが損益計算書の上で自然にわかる仕組みになっている。」(金児, 1990, 22頁)

この指摘で重要なのは，次の2点である。全部原価計算によれば在庫のなかに（直接原価計算の場合よりも）多くの資金が拘束されてしまうという点と，全部原価計算によれば収益を伴わない利益がより大きく計算されてしまうという点である。こういった点からも，直接原価計算による損益計算機構は，現金と結びついた利益の計算を指向していることがわかる。

## 2.2 会計理論との整合性

### (1) 固定費の収益への対応の原理とサービスの消費・利用

全部原価計算と直接原価計算での固定費の収益への対応の違いは，固定費を発生させる資源が提供しているサービスの消費と利用についての根本的な発想の違いによるものだと考えられる。

工場の建物が提供しているのは，生産の場を提供しているサービスである。これは時間の経過とともに消費されていく。この消費は，工場で生産したかどうかとは無関係である。電気・ガス・水道などのユーティリティの基本料金も同様である。機械設備が提供しているサービスについても，いつでも生産ができるための機会の提供であると考えると，同様である。

利用というのは，文字通りその資源を利用したということである。工場という場を使って製品を製造する，機械を稼働させる，などである。このように，資源からのサービスの消費と利用は分けて考えることができる。

経営資源の消費と利用を区別して考えた場合，全部原価計算と直接原価計算の収益と費用の対応関係はどう説明できるのか。結論からいうと，全部原価計算の場合は利用に基づいた原価配分を基礎にし，直接原価計算の場合は消費に基づいた期間対応を基礎にしているということができる。

全部原価計算において機械の減価償却費を機械稼働時間などで製品に配賦する，というのは，機械の利用によって価値の移転（原価凝着）が生じていると仮定した計算である。ここでは，機械の利用が費用変形のプロセスであると仮定している。したがって，全部原価計算においては，固定費は資源の利用に応

じた配分という手続と，販売という行為を経て収益に対応させられることになる。未利用であった能力の原価である操業度差異[5]を売上原価に課す，という会計処理は，操業度差異が未利用であった，すなわち利用というプロセスによって費用変形を経ていないことから生じたロスであるため，期間的に対応させているという解釈ができる。

　一方，直接原価計算においては，サービスの消費をもって資源の原価を費用化していると考えることができる。前述のように，工場の建物は，工場を利用しようがしまいが，「場の提供」というサービスを提供し続けている。時間とともにそのサービスを消費している。サービスの消費は資源の利用とは関連がない。時間の経過によってサービスが消費されるのであれば，消費した部分にかかわる原価の費用化は，時間と関連づけられることになる。いいかえると，時間の経過による消費が費用変形になるということである。そこで，直接原価計算においては，固定費は発生した（割り当てられた）期間にすべて収益と対応させるということになるのである。

### (2) 資産のサービスポテンシャルの解釈

　直接原価計算が内部報告用の会計として普及を遂げた1960年代，直接原価計算を外部報告にも適用することの是非についての論争が巻き起こった。いわゆる「直接原価計算論争」である[6]。その火種は1950年代から燻っていたが，本格的な論争は1960年代に入ってからである[7]。これは，直接原価計算における外部報告が，会計理論と整合性があるか否か，ということについての，貸借対照表の問題から見た議論である。

　その発端は，HorngrenとSortorが唱えた，資産のサービスポテンシャルにかかわる「未来原価回避説」の提唱であった。彼らは，資産のサービスポテンシャルを，将来における同種の支出の回避能力であるとした。この理論に基づくと，棚卸資産に算入される製造原価要素は，変動費のみとなる。固定費は棚卸資産のなかに含めて次期以降に繰り延べたとしても，次期以降には同種の原価が発生する。したがって，固定費はサービスポテンシャルを有していないので，棚卸資産には含まれない，というのである。

　これに対し，FessとFerraraは，資産のサービスポテンシャルは未来におけ

る収益獲得能力であるとし、HorngrenとSortorの主張を真っ向から批判した。購入された生産要素自体にサービスポテンシャルがあり、そこには固定費と変動費の別はない。それを使用して生産されたアウトプットに対して、棚卸資産原価という形ですべて反映させ、販売時点で収益が認識されるまで繰り延べるべきであるとした。

　この論争について、岡本（2000）は、長期平均思考と短期限界思考の違いから来るものであるとしている。そして、全部原価計算支持者は資産の本質を表側から見ているのに対し、直接原価計算支持者はその本質を裏側から見たために生じたとし、次のように指摘する。

　　「なぜならば、資産の概念では物理的属性よりも経済的属性が重要であり、将来利益を獲得する能力と将来発生する原価を節約する能力とは、その経済的効果において等しいからである。」（岡本、2000、561頁）

## 2.3　損益計算としての直接原価計算と財務会計

　直接原価計算による利益計算の発想の背後には、利益と現金の間にある程度の相関を求めるという発想があるものと思われる。

　直接原価計算を財務会計に用いることの会計理論との整合性については次のように指摘できる。製造固定費の資産性の有無については表裏一体の解釈ができ、立脚する思考の違いから来るものである。また、収益に対する製造固定費の対応については、製造固定費を生じさせる資源のサービスの費用変形を、サービスの利用と考えるのか、サービスの消費と考えるのかで異なってくる。

　このように考えると、どちらの計算方法にしたがって損益計算を行うべきか、という問題は、どちらがより経営の実態を反映させた損益計算を行うことができるのか、ということに依存するであろう。次に、管理会計と財務会計の連携という観点からこの問題を考える。

# 3 管理会計と財務会計の連携と直接原価計算

## 3.1 管理会計の体系と機能

### (1) 管理会計の体系

　管理会計の体系は，さまざまな議論がなされてきた。たとえば，AAAの原価概念および基準委員会は，1955年度の報告書において，管理会計の体系を計画会計と統制会計に二分し，さらに計画を個別計画（プロジェクトプランニング）と期間計画とに分類している。

　これを踏まえ，Beyer（1963）は，業績管理会計（performance accounting）と意思決定会計（decision accounting）という体系を示している。第5章でも取り上げたように，これは現在でも有力な体系である。業績管理会計には期間計画と統制計算が含まれており，意思決定会計には個別計画が含まれている。期間計画と統制会計は不可分なものであり，Beyer（1963）の体系ではこれを合わせて業績管理会計としているのである。

### (2) 管理会計の機能

　管理会計の機能は何か。それは，経営管理ツールとして，経営管理者の行う経営管理活動を支援するということである。経営管理者が果たすべき行動は何か。その中の重要なものの1つに，経営資源の最適配分がある。ヒト，モノ，カネ，情報といった経営資源は，企業にとって限りのある希少資源である。これを有効に利用し，最大の利益を上げる，というのが，経営者が行うべき重要な職務である。このために，経営管理者は希少資源の最適な配分を考えなければならない。この最適配分を行うためのツールが，管理会計である。

　この観点から先のBeyer（1963）の体系をみてみる。意思決定会計は資源配分そのものである。設備投資の経済性計算では，最大の利益が獲得できるプロジェクトへの資源の最適配分の判断の材料を提供する。

　業績管理会計は，予算や標準原価計算などの期間計画と，予実分析・原価差異分析による統制とからなる。予算編成に代表される期間計画は，カネ（場合

によってはヒト，モノ）の企業の部分要素への最適配分のプロセスである。予実分析による評価は，次期以降の活動における資源配分の指針を示す。

このように，管理会計の重要な機能の1つは，利益最大化のための最適資源配分のための情報提供である。

## 3.2 企業の経営努力と全部原価計算

### (1) 全体最適化の阻害要因としての全部原価計算

全部原価計算が経営努力，特にものづくりの現場における最適化の阻害要因となることは広く知られていることである。端的に言うと，製造固定費を製品別に配賦することによって生じる操業度差異や，在庫を通じた固定費の次期以降への繰り延べがこの阻害要因となる。

たとえば，Goldratt and Cox（1984）は，一連のプロセスの中でボトルネック（制約）を発見し，これを改善することで全体のスループットを増大させようというTOC（Theory of Constrraints：制約理論）を唱えている。全体最適化を目指す方法論である。TOCでは，ボトルネックであるプロセスに他のプロセスを同期させ，無駄な作りすぎを行わない。市場に出てお金を稼ぐことのできない仕掛品の積み上げは，いたずらに資金を企業内に使えない形で拘束するだけである。ボトルネックの処理量を増やすことで全体の処理量を増やし，市場に出せる製品量を増やすことで，収益の最大化を図る。

しかしながら，製造固定費がプロセスや製品に配賦され，各プロセスで操業度差異が計算され，それが業績測定指標の1つとなっている場合，各プロセスでは作りすぎが誘発されることになる。もし基準操業度が生産能力の基準（理論的生産能力や実際的生産能力）であった場合には，ボトルネックにあわせて操業すると，他のプロセスでは慢性的に不利な操業度差異が計算されることになる。不利な操業度差異が評価につながる場合は，プロセスの管理者はなるべく操業度差異を小さくしようとし，全体最適を無視して必要以上に操業度を上げようとするであろう。その結果，仕掛在庫が企業内に山積みされることになる。これは基準操業度が需要を加味した基準（平均操業度，期待実際操業度）の場合でも同じことである。むしろ，操業度を決定した際の平均値よりも操業度を上げれば，有利な操業度差異が計算されるので，無駄な作りすぎに拍車をかける

ことになるだろう。

　また，TOCによって工程が改善されても，固定費を製品に配賦する全部原価計算を行っていては，その成果が現れないという面もある。TOCによって，仕掛品在庫が50%，完成品在庫が20%減少し，減らした余剰在庫は補充せず，そのため原材料の無駄な購入が抑えられた。その結果，キャッシュフローは大いに改善されたが，利益額は思ったほど伸びなかったという。減少した在庫に含まれる原材料費と製品原価との差が損失となったためである。Goldratt and Cox（1984）は，これを「より大きな会計のひずみ」であるとしている。この問題を克服するために考え出されたのが，スループット会計である。ここでは，売上収益から「完全な変動費（totally variable costs）」を控除してスループットを計算し，この最大化を目指す。筆者は，これは直接原価計算をコスト・ビヘイビアの観点から純化したものであると考える。

　全体最適を目指す別の方法論に，TPS（Toyota Production System：トヨタ生産システム）がある。第4章でも見たように，TPSではムダを排除し，リードタイムを短縮化することで，将来の「機会収益」を生みだす源泉となるヒマ（アイドル・キャパシティ）を創出する。

　このようなTPSの発想の邪魔になるのが，全部原価計算であるという。各工程での稼働率の維持のための「つくり溜め」を誘発し，前述のような将来利益を生むような経営資源の余剰をつくり出すことができなくなるためである（河田編，2009，92頁）。操業度差異を計算し，それを削減する方向に向かうと，TPSで指向する方策を阻害するということを意味しているのである。

### (2) 操業度の操作と利益の調整

　全部原価計算を行っている場合，前述のような最適化の努力をしなくても，利益を大きく計算することができる。

　よく知られているように，全部原価計算を行っている場合，売上高の推移と利益の推移は一致しないことがある。前期より売上高が増加しても利益が減少する，逆に売上高が減少しても利益が増加する，といった現象である。この現象を利用すると，操業度の操作によって，利益額の調整を行うことができる。

　固定費を製品に正常配賦している場合を考える。基準操業度を平均操業度や

期待実際操業度にしている場合，基準操業度を上回る生産を行うことで有利な差異（配賦超過）が生じるが，それを損益に調整すると，その分利益額が大きくなる。逆に，基準操業度を下回る生産を行うことで不利な差異（配賦漏れ）が生じるが，その場合にはその分利益額が小さくなる。

これは，固定費を製品へ実際配賦している場合にも起こる現象である。過剰生産によって当期発生した固定費を次期以降に繰り延べる場合，また，当期の生産量が少なく，前期から繰り越された製品を販売する場合，売上高の推移と利益の推移が食い違うという現象が起きる。

このように，製品の需要とは関係ない企業の操業調整によって，利益額を調整することができる。Foster and Baxendale（2008）はこのような利益の調整を，「在庫と生産の意思決定によるGAAP利益の管理」とよんでいる。そもそも，在庫調整や操業調整が企業の努力といえるのか，また，その結果である利益を，企業努力の結果といってよいのだろうか。

### 3.3　全部原価計算の問題点

以上で見たように，全部原価計算による損益計算では，企業の最適化の努力を成果として測定できない，また，操業度差異などの指標が最適化の阻害要因となる，といった問題点がある。一方で，在庫の積み増しという企業努力とはとてもよべないような行動によって，利益が「作り出される」という問題点もある。

よく目にする全部原価計算支持論に，「利益は生産と販売の両方の活動の結果を示すべきである」というものがある。しかしながら，利益を「作り出す」ために行った，需要や全体最適を無視した過剰生産は，「努力」ではなく「操作」であり，利益に結果を反映させるべき活動とはいえないだろう。無駄な作りすぎは，見かけ上の能率を上げるが，全体最適という点からすると，大きな不能率を産んでいるのである。

## 4 環境変化の利益計算への影響

### 4.1 全部原価計算と直接原価計算における利益計算の差異

全部原価計算と直接原価計算で営業利益が異なる状況が生まれるのは，(ア) 計画生産量と実際生産量が異なる場合や，(イ) 期首と期末で在庫量に変化がある場合である。

(ア) の状況では，固定費の配賦過不足が生じる。それを売上原価に調整するという処理を行っている場合，両計算方法での利益の差が生じる。計画生産量＞実際生産量の場合は配賦不足（不利な操業度差異）が利益を食い潰すため，全部原価計算の営業利益は直接原価計算の営業利益に比べて小さくなる。逆に，実際生産量＞計画生産量の場合，利益に配賦超過分（有利な操業度差異）を足し戻すことになるので，全部原価計算の営業利益は直接原価計算の営業利益より大きくなる。

(イ) の状況では，当該会計期間に費用化される固定費の金額が変化することで，利益の差が生じる。期末により多くの在庫が生じた場合は，固定費を次期以降に繰り延べることになるため，全部原価計算の営業利益の方が直接原価計算の営業利益よりも大きくなる。逆に，期末にあまり在庫が生じない場合は，当期の固定費に加え，前期から繰り越された固定費が費用化されるため，全部原価計算の営業利益の方が直接原価計算よりも小さくなる。

以上のような状況で両計算方法で利益額が異なってくるのだが，近年の環境変化により，この状況自体が生じないという事象も観察されるようになってきている。つまり，在庫量の変動がない，そして固定費の金額がそう大きくない，という状況が生まれつつあるのである。次に，この状況について，前述の Foster and Baxendale (2008) を中心に考察していく。

### 4.2 原価構造の変化と利益計算への影響

#### (1) 労働集約型から資本集約型へ

Foster and Baxendale (2008) によれば，1960年代以降，典型的な製造業者

の原価構造は，相当変化してきたという。労働集約的生産から，ロボット化・自動化などのような資本集約的生産へと変化したと指摘する。これによる固定製造間接費の増加は，「在庫と製造の意思決定を通じた利益管理（earnings managemnet）の潜在性が増していくことを示している」（Foster and Baxendale, 2008, p. 42）と指摘する。ここでいう「在庫と製造の意思決定を通じた利益管理」とは，先に示したように需要を上回る生産をすることで，固定費を在庫に繰り延べたり，多額の操業度差異を算出することで会計上の利益を計上しようとする行為である。このような行為は，製造間接費配賦の基準操業度に平均操業度かあるいは（実際的生産能力を下回る見積もりの）予算操業度を採っている場合に可能になる。Foster and Baxendale（2008）は，実務家がこのような行為（利益管理）の実効性を感じ，全部原価計算の方をむしろ積極的に採用したということを暗に指摘している。

### (2) JIT思考の導入

上記のような流れとともに，Foster and Baxendale（2008）が強調するのは，アメリカ製造業におけるJIT思考の導入である。彼らによれば，1984年頃がその契機であるという。それまでのアメリカ製造業では，在庫の管理方法としてはEOQにみられる「プッシュシステム」をとっていたが，このころからJITの考え方，「プルシステム」を採用するようになったという。

純粋なJIT生産哲学では，顧客から製品へのオーダーがあって初めて完成品を生産する。したがって，この考え方が導入されたという1984年以来，「在庫管理におけるJIT思考が，完成品と仕掛品の在庫を減少させていった」（Foster and Baxendale, 2008, p. 42）というのである。

### (3) 2つの変化がもたらす影響

以上の2つの点，すなわち資本集約的生産へのシフトによる固定製造間接費の増加と，JIT思考の浸透による在庫状況の変化という点は，製品原価計算・棚卸資産評価にどういう影響を与えるのか？ この問題に対し，Foster and Baxendale（2008）は，2つの反対の方向に影響があるだろうと考えている。すなわち，JIT哲学のもとでは，在庫の水準が低くなるので，期末の棚卸資産

に含まれる固定費の金額は減少する一方で，資本集約が進めば，在庫の各単位に含まれる固定費の金額は大きくなるだろうと考えている。

　こういった背景から，Foster and Baxendale（2008）は，「在庫と製造の意思決定を通した利益管理の潜在性」が現在でも過去と同じくらい大きいものなのかを検討しようとするのである。Foster and Baxendale（2008）が推移を検証したのは，減価償却費，棚卸資産，売上原価，売上高のそれぞれの関係である。棚卸資産や売上原価に対して固定費の比率がどの程度なのかを見るために，大きな固定費要素として減価償却費を考える[8]。棚卸資産に含まれる減価償却費，減価償却費の対売上原価比率，棚卸資産の対売上高比率，期末棚卸資産中の減価償却費の対売上高比である。これらの比率を，Standard & Poor'sのデータベースによって，1960年から2005年までの全製造業者のデータを用いて計算している[9]。これらの指標について，平均と中央値を計算し，一覧にしている。

　これらの変数について，1960年と2005年の比較をすることは，全部原価計算と直接原価計算の論争をする場合に，資本集約化の影響がどの程度のものであるかというテストになるという。

　これらの指標の傾向を見る上でFoster and Baxendale（2008）がキーポイントとしてみているのは，資本集約型への移行による減価償却費の増加が与える影響と，JIT思考の浸透が与える棚卸資産額への影響である。

### (4) 棚卸資産の変化とJIT思考

　まず，棚卸資産の対売上高比率は1986年から2005年にかけて減少している。その一方で，期末棚卸資産中の減価償却費の対売上高比は2001年まで増加している。この結果から，Foster and Baxendale（2008）は，1986年から2001年まではJIT思考の影響よりも資本集約化の影響の方が大きいと指摘する。そして，2001年以降は，期末棚卸資産中の減価償却費の対売上高比が減少している。こういった結果について，彼らは「非常に多くの企業が，資本集約化を進めた一方で，JITをこの期間に採用した。2001年から2005年の情報の比較は，前世紀の後半の変数の傾向が，今世紀のそれとは大きく変わってきたということを示しているだろう」（Foster and Baxendale, 2008, p. 47）と指摘する。

　このことから，JIT思考の浸透によって，期末の在庫量が減少しつつあり，

全部原価計算と直接原価計算での利益計算の違いに与える影響が小さくなりつつあることを指摘しているのである。

(5) アウトソーシング，オフショアリング，ファブレス化

次に，Foster and Baxendale (2008) は，1960年の全部原価計算対直接原価計算の論争が資本集約化が大きくなっていた頃に行われたものであるとした上で，現代においては資本集約化の影響がどのように在庫や固定費（減価償却費）の水準に現れているのか，そしてそこからどのような議論ができるのかを探ろうとする。

そこで，これらの指標について，①1960年と2005年，②1984年と2001年，③2001年と2005年という3つの区間でT検定を行い，その結果から次のように指摘する。

① 減価償却費にかかわるすべての変数は1960年に比べて2005年ではかなり大きくなっているが，売上高に占める棚卸資産の比率はかなり減少している。

② 1984年と2001年のデータを比較しても同じような結果が出ているが，これは，JITへの移行があったにもかかわらず，全部原価計算を使った利益管理の潜在性が大きく増加していたことを示している。

③ しかしながら，2001年以降売上高に占める棚卸資産の比率がかなり減少している一方で，減価償却費関連の変数は以前の傾向とは逆に相当減少している。

この減価償却費関連の変数の減少について，Foster and Baxendale (2008) は，米国企業でのアウトソーシングの増加を原因の1つに挙げている。

たとえば，稲垣 (2005) によれば，米国ではエレクトロニクス業界では1980年代から本格的なアウトソーシングが始まっている。最初はプリント基板組立だけのアウトソーシングから始まり，部品調達，検査，製品全体の組立へと範囲が広がったという。1990年代にはいると，EMS企業は直接納入にまでアウトソーシングの形を広げていった。これらの動きは，1990年代後半のITバブルにより急激に拡大したという。

Houseman (2007) によると，米国では生産性向上のためにアウトソーシン

グとオフショアリングが盛んになっているという。ITの発達などもこの傾向に拍車をかけていると指摘する。アウトソーシングとオフショアリングが生産性に与えた影響として次の点を指摘する。米国の製造業従事者は1990年代から減少傾向にあり，2000年以降急激に減少している。1998年と2005年を比較すると，生産性は10％以上増加しているにもかかわらず，従業者数としては19％減少しているという。

　Foster and Baxendale（2008）は，いったんは資本集約化が進んだものの，その影響はアウトソーシングの進展によって減少してきていると考えている。そして，アウトソーシングが引き続き進展していくと，企業にとっての固定費が減少していくため，「全部原価計算による利益管理」の潜在性は減少していくものと考えている。

　実際，上述のようなアウトソーシングやオフショアリングに加え，近年ではアウトソーシングを徹底したファブレス会社というものも存在する。ファブレス会社とは，自社に工場を持たず，製造自体は大半をEMSに任せたうえで，製品を自社ブランドとして販売する会社である。コンピュータや半導体企業に多く見られるようになった。このような企業では，減価償却費などの固定費や労務費（固定費の場合が多い）が，通常の製造企業に比べて極端に小さくなる。

### (6) 直接原価計算の再評価

　このような分析結果を受けて，Foster and Baxendale（2008）は，JIT思考による在庫の減少，そしてアウトソーシングの浸透による固定費の削減といった現代での原価構成の変化によって，全部原価計算によれば可能であった，在庫と生産の意思決定を通じた「GAAPの利益」管理の余地はかなり少なくなったと指摘する（Foster and Baxendale, 2008, p. 48）。

　そして最後に，次のように提言する。

　「結論的には，会計士や会計情報のステイクホルダーは再び全部原価計算と直接原価計算のメリットについて議論すべきである。この時代に，製造における在庫の減少を主張するものは，直接原価計算の支持者に加わるべきである。JITの主張者やTOCの支持者は，仕掛品や完成品の在庫が期首よりも減少した場合に報告された利益が低くなるため全部原価計算を批判する。直接原価計算をGAAPの利益決定に

用いることは，この障壁を取り除き，在庫減少の管理テクニックを導入することになるだろう。また，企業のオペレイティング・レバレッジにかんするよりよい情報の提案者は，リスク評価目的の直接原価計算情報の利点を議論することができるだろう。」(Foster and Baxendale, 2008, p. 48)

## 5 制度計算との整合性

### 5.1 データベースの一元化と固定費調整

　財務会計が，企業が行った経営資源の最適配分の諸活動の総合的な結果を示すべきである，という立場に立った場合，全部原価計算に基づく損益計算は不適切である。ここに，直接原価計算による損益計算を財務会計に用いることの意味がある。

　しかしながら，制度上では直接原価計算を公開財務諸表に用いることができない。この問題に対する古くから行われた対処法として，内部的には直接原価計算を用い，直接原価計算の営業利益に対して期首期末の在庫に含まれる固定費を調整して全部原価計算の利益に計算し直す，といういわゆる「固定費調整」がある。

　前章でも検討したように，管理会計と財務会計で同一のデータベースを用いた場合，この固定費調整は比較的スムーズに行く。財管一致の状態は，財務会計の結果と管理会計の結果に差異があったとしても，その差異の原因が合理的に説明できる状態を指す。直接原価計算の営業利益と全部原価計算の営業利益が異なっていたとしても，それが期首期末の在庫量の差に起因するということが説明できれば，財管一致の状態になる。

### 5.2 製品ライフサイクルの短縮化と在庫政策

　前述のように，直接原価計算と全部原価計算で利益額が異なる原因は，期首期末の在庫の有高の変動である。全部原価計算においては，売れない在庫を作り続けることによってキャッシュを伴わない利益を創出することができる。しかしながら，近年では，在庫を持つということが，非常に危険な経営方針とな

る可能性がある。それは，製品のライフサイクルが以前にも増して短縮しているからである。つまり，在庫は陳腐化しやすくなっており，在庫を持つことは運転資金をドブに捨てるような結果になってしまうということである。

経済産業省の『ものづくり白書　2016年度版』には，近年の製品ライフサイクルの短縮化が記されている。

> 「デジタル化の進展により，技術革新のスピード化が進み，顧客ニーズの変化も早まる中，製品のライフサイクルも短縮化の一途を辿っている。主力事業の主要製品が売れている期間（経済的寿命）を製品ライフサイクルとすると，『一般機械』，『化学工業』は４割近くが10年超と回答しているのに対し，『電気機械』や『輸送用機械』等は５年以内が半数近くに達している。
> 　製品ライフサイクルが10年前と比較してどのように変化しているかを尋ねると，『あまり変わらない』という回答が多い中，すべての業種において『長くなっている』より『短くなっている』企業の方が多い。特に，『電気機械』は34.7％，『化学工業』は30.2％が『短くなっている』としており，製品ライフサイクルの短縮化が進んでいる様子がうかがえる。さらに，製品ライフサイクルが短くなっている企業に短縮率を尋ねると，『電気機械』は約４割の企業が『50％以上』，約３割の企業が『30％以上〜50％未満』と回答しており，また，『非鉄金属』も『50％以上』または『30％以上〜50％未満』と回答している企業がそれぞれ34.6％にのぼり，他の業種と比較して製品ライフサイクルの短縮化の進行スピードが早いことが指摘できる。一方，『輸送用機械』においては，製品ライフサイクルが『短くなっている』企業も16.3％いるものの，14.9％は『長くなっている』と回答しており，一部の企業はライフサイクルの長期化を実現している。」（経済産業省，2016，125頁）

このように，一部の企業がライフサイクルの長期化を実現している一方で，多くの企業でライフサイクルの短縮化が進んでいる。前述のようなものづくりの最適化の指向からのJIT思考の浸透と同時に，製品ライフサイクルの短縮化から製品の陳腐化を回避するために在庫をなるべく持たない，という思考が一層企業の中に浸透して行くであろう。その場合には，結果として直接原価計算と全部原価計算の利益の推移は変わらないものとなってくるのである。

## 6　第8章の結語

　本章では，財管一致の会計システム構築において，管理会計システムとして直接原価計算を用いることの可能性を検討した。(a)財務会計の損益計算構造として直接原価計算を考えるアプローチと，(b)管理会計と財務会計の連携から直接原価計算を考えるアプローチから，この可能性について論じた。

　とりわけ製造企業にとっては，ものづくりのための最適化努力の結果を，企業の成果として表示する損益計算書が必要である。全部原価計算では，この最適化を阻害するばかりか，企業のものづくりにおける適正な努力の結果を適切に損益計算書に出力できない。したがって，筆者は，財務会計の役割・機能を十分に果たすためには，直接原価計算による損益計算方法を取り入れるべきであると考える。

　先にも触れたように，現行の制度では直接原価計算を外部報告に用いることは認められていない。財務会計（制度会計）も経営情報の1つであると考えれば，経営情報として適切な数値を出す会計システムを採用すべきである。管理会計の側からも，声を上げて制度を変えていく動きをするべきであろう。

◆注

1　高橋（2003）の調査は1993年〜1994年，川野（2014）の調査は2011年〜2012年に行われたものである。
2　岡本（2000）では，直接原価計算は次のように定義されている。
　「直接原価計算とは，原価（製造原価，販売費および一般管理費）を変動費と固定費とに分解し，売上高からまず変動費を差し引いて貢献利益を計算し，貢献利益から固定費を差し引いて営業利益を計算することによって，正規の損益計算書上に，短期利益計画に役立つ原価・営業量・利益の関係を明示する損益計算の1方法である。」（岡本，2000，533頁）
3　これらの解釈の詳細については，高橋（2008b）を参照されたい。
4　貢献利益の概念，およびその利益計画への適用については，すでに1920年代に大いに議論されており，Harrisの時代には一般的なものであった。Harris（1936）が貢献利益法について一切言及しなかったということは，彼がいうDirect Cost Planの主眼が管理会計的な目的よりも，利益計算そのものの問題であったことが推測される。
5　これは，基準操業度が理論的生産能力あるいは実際的生産能力である場合を指している。平均操業度や予算操業度である場合，操業度差異は平均との乖離を示しているにすぎない。

6 直接原価計算論争の詳細については，高橋（2008b）・第3章を参照されたい。
7 1950年代にも，Marpleが「未来原価節約説」を唱え，それにBrummetが激しく反論したという論戦もあった。詳細は高橋（2008b）を参照されたい。
8 Foster and Baxendale（2008）は，生産が資本集約的になるにつれ，労務費のうち固定費化したモノが多いことを認めている。しかし，公開されたデータからは固定的な労務費の割合がわからないので，減価償却費に固定費を代表させている。
9 なお，棚卸資産に含まれる減価償却費は，消費者物価指数をつかって，1980年-1982年の価格水準に調整して計算している。

# 管理会計対象の拡大：
# ミクロの管理会計からメゾの管理会計へ

　第Ⅲ部では，産業クラスターのような地域的サプライチェーンをマネジメントするためのメゾ管理会計について論じる。
　第9章では，メゾ管理会計の概念，対象について論じる。その対象としての産業クラスターの特性についても議論する。第10章では，メゾレベルの管理会計ツールとして，サプライチェーンにおけるBSCの構築について検討する。第11章では，さまざまな組織からなる産業クラスターの戦略共有のツールとして，戦略カスケードマップの適用可能性について検討する。第12章では，産業クラスターのような戦略的提携におけるイノベーション創出のプロセスを説明する協働の窓モデルについて説明し，BSCや戦略マップがその協働の窓を開くためにどのように役立つのかを検討する。

# メゾ管理会計の構想：
# 地域的サプライチェーンのマネジメント

## 1 はじめに

本章は、メゾ管理会計（Meso Management Accounting）についての構想を述べる。mesoを辞書で引くと、「"middle"の意を表すギリシャ語からの借用の造語要素」（小学館ランダムハウス英和大辞典）とある。すなわち、「中間」を表す造語要素である。本章で対象とするのは、会計の計算対象の範囲である。一般的な範囲区分は、ミクロとマクロである。一組織を対象とする場合はミクロ会計、国を対象とする場合にはマクロ会計とよばれる。その中間に位置するものの会計が、メゾ会計である。本章で構想するのは、そのうちのメゾ管理会計である。

## 2 メゾという領域

### 2.1 ミクロとマクロ

通常、管理会計は一営利企業の利益獲得に資する情報を提供することを目的としている。近年では、営利企業のみならず、病院や学校のような非営利組織や、行政機関や自治体のような公的機関の管理にも適用されている。これは、

計算対象（管理対象）からみると，ミクロの領域である。
　一方，国全体の計算を行う会計がある。国民経済計算（National Economic Accounting）である。これは企業だけでなく，政府や家計なども含んでおり，マクロの領域であり，マクロ会計ともよばれる。マクロ会計では，5種の主要勘定，国民所得勘定，投入産出表（産業連関表），資金循環勘定（資金循環表），国際収支表および国民貸借対照表が作成される（河野，2010b，234頁）。

## 2.2　メゾないしはメソの会計

　メゾないしはメソという接頭語がついた会計は，これまでもいくつか提唱されている。これらは，いずれも社会責任会計の文脈でいわれているものである。
　メゾという冠を戴いた会計には，生態会計がある。河野（2010a）によると，生態会計とは次のように定義される。

> 「生態会計は，財貨・サービスの提供に関わるミクロ・レベルおよびマクロ・レベルのシステムを環境的・経済的・社会的観点から維持し，発展させるために役立つ会計データの測定・伝達のシステムである。」（河野，2010a，6頁）

　河野（2010a）で指摘されているように，生態会計という用語は，黒澤（1972）によって初めて使用されたものである。それは，環境破壊に関する情報を体系的に把握するシステムとして構想された。八木（2010）によれば，生態会計は「国を対象とするマクロ生態会計，地域を対象とするメゾ生態会計，企業や自治体を対象としたミクロ生態会計」（八木，2010，9頁）に分けられるという。
　小口（1991）では，メソ会計という用語が用いられているが，それは水系を会計単位とする会計である。小口（1991）は，水資源開発の進展に伴って発生している開発費用負担の公平化，水資源の効率的利用，水資源施設の資本維持といった問題の解決には，「水系単位あるいは地域単位というマクロ的観点にたって会計主体を設定する，水資源管理会計とでもいうべき新しいシステムが必要であると思われる」とし，このシステムを，「ミクロ会計とマクロ会計の中間（MESO）に位置づけて，メソ会計（MESO-ACCOUNTING）と呼ぶことにしたい」と述べている（小口，1991，82頁）。

小口（1991）は，前述の3つの水にかかわる問題は，いずれも個別水道事業主体（ミクロ）では解決が困難である一方，全国単位（マクロ）で考えると曖昧になると指摘する。地域の特性を反映した政策を実施し，各地域の市民の関心を高めるためにも，水系を単位とするメゾ・レベルの事業単位，会計単位を基本にするのが適切ではないか，と主張するのである（小口，1991，96-97頁）。

メゾ環境会計という用語もある。たとえば，出村（2008）では，メゾ環境会計を，次のように定義する。

「国土の部分地域を会計単位として環境情報を集計し，地域の経済と環境の相互作用を明らかにしようとする環境会計である。部分地域の定義は，州，都道府県などの行政境界による形式的地域区分や，都市圏などの経済活動に即した実質的地域区分によるなど，多様な地域区分によって集計範囲が異なる。」（出村，2008，11頁）

以上でみたように，企業（ミクロ）の視点，あるいは国（マクロ）の視点でも解決できない会計問題に対しては，地域という範囲を対象としたメゾ会計が必要となる。そして，地域をマネジメントするための会計こそが，メゾ管理会計である。マネジメントを必要とする地域があれば，そこには必然的にメゾ管理会計の需要がある。その対象の1つが，産業クラスターである。次に，メゾの現象・対象としての産業クラスターと，そのマネジメント上の課題について検討する。

## 3　メゾの現象・対象としての産業クラスター

### 3.1　産業クラスターとは何か

#### (1)　産業クラスターの必要性

経済のグローバル化とそれに伴う産業空洞化のあおりを受け，わが国の地方経済は激しく疲弊している。そうした中で，国や自治体の旗振りの下，地域経済の自立的発展を目指した，産業クラスター構築の取り組みが各地で行われている。国の政策例としては，経済産業省の「産業クラスター計画」（2001）や，

文部科学省の「知的クラスター創生事業」(2002) などがあげられる。

また，現在わが国は人口減少社会となりつつある。人手不足への対応から，産業クラスターのような集積が加速する可能性も高い。一企業・一組織では解決できない課題を，集積によって解決しようとする動きは今後加速していくものと思われる。

### (2) 産業クラスターの特質

ポーター (1999) によると，クラスターとは，「特定分野における関連企業，専門性の高い供給業者，サービス提供者，関連業者に属する企業，関連機関 (大学，規格団体，業界団体など) が地理的に集中し，競争しつつ同時に協力している状態」(ポーター，竹内訳，1999, 67頁) であるという。元々クラスターというのは，ブドウの房を意味する。それが転じて，群れや集団を意味する言葉として用いられている。

産業クラスター研究会 (2005) によれば，産業クラスターとは，「相互に関連し合う一定の産業群において，地理的に近接する企業群，大学・研究機関，産業支援機関，ネットワーク組織，技術移転機関・産学連携仲介機関，専門家群といった行動主体が，それぞれの地域が有している魅力を誘因として集まったものである」(産業クラスター研究会，2005, 12頁) とされる。

このように，産業クラスターでは，単に企業間同士のネットワークではなく，自治体などの機関や大学・研究機関などがネットワークを重層的に形成しているところに特徴がある。その関係を模式的に示したのが，**図表9−1**である。

## 3.2 メゾ領域としての特質

### (1) 地域的サプライチェーン

単に地理的に複数の企業が同じ地域に存在していても，それは産業クラスターの形成にはつながらない。「複数の企業が固まって立地しても，当該地域で企業同士がインタラクションやコミュニケーションをしているとは限らない」(藤田他，2010, 6頁) からである。イノベーションの創出は，地域的な集積に加えて，インタラクションやコミュニケーションが行われて初めて実現する。

図表 9 − 1 ■重層的なネットワークと産業クラスター

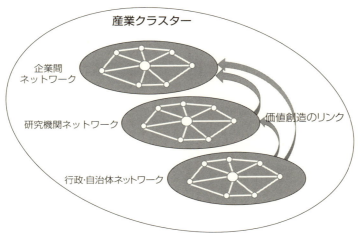

(出所：高橋, 2010b, 74頁を一部修正)

山崎（2005）によれば，産業クラスターは，関連産業・関連諸機関を含めたリージョナル・サプライチェーンであるという。

「企業単位で構築されるサプライチェーンを超えて，地域全体のサプライチェーンを構築することがクラスター戦略の核心である。」（山崎, 2005, 11頁）

前述のようなイノベーションの連鎖は，単なる地理的な集積だけでは生まれない。地域の中で企業が連携し，サプライチェーンが醸成されることで生まれてくる。したがって，イノベーションの連鎖は，まさにこの地域的サプライチェーンという性格がもたらすものである。

(2) 産業クラスターに期待される効果

産業クラスターに期待される効果は，企業外部の要因から得られる経済的な効果と，新産業・新事業創出とイノベーションの創出などにある。

産業クラスター研究会（2005）によると，企業外部の要因から得られる経済効果として，①輸送・通信コストの低減，規模の経済性によるコスト削減効果

が生まれる，②効率的な分業体制が発達する，③産業インフラが優先的に整備される，④ソフトインフラの整備が進展するなどがある（産業クラスター研究会，2005，12頁）。これらは，関連企業の近接立地，社会資本の優先的整備といった集積効果であり，企業内部の経営努力を超えたものである。

産業クラスターの大きな意義の1つに，イノベーションの創出がある。これが，単なる地域的な産業集積との産業クラスターの大きな違いである。さまざまな論者の説を見ても，産業クラスターは，単なる地域的な産業集積にとどまらず，企業同士や産官学間でのネットワークを通じて何らかのイノベーションを創出するものである，というとらえ方をされている（藤田他，2010，7頁）。

したがって，産業クラスターでは，イノベーションの連鎖が起こりうる。

「……イノベーションの中で，例えば，企業のコア分野の事業提携，非コア分野のアウトソーシング化が行われ，企業組織のスリム化，効率的な再編成，関連企業間での準組織的関係の構築・解消が繰り返される。こうした結果，産業クラスターでは，産業集積が絶えず進化し，結果として地域産業の全体最適化と競争優位の確保を実現することができる。」（産業クラスター研究会，2005，13頁）

集積の中から連鎖的に発生したイノベーションは，新しい知と知，知と技の組み合わせを通じて，クラスターの存在する都市の中に蓄積されていく（藤田他，2010，13-14頁）。

「……集積の効果としての費用の最小化を強調する伝統的集積論に対してクラスター論ではイノベーションの意義を指摘している。このことは，グローバル化や情報技術の発達といった環境変化が急速に進展するなかで，国や地域の競争優位の源泉として単なるコストではなく生産性，とくにイノベーションの実現を通じての生産性の重要性を示唆していることを意味している。」（金井，2003，47頁）

イノベーションは，集積の中から連鎖的に発生し，クラスターの存在する都市の中に蓄積されていく。

「……知識創造型の生産活動（イノベーション活動）では，多様な知識労働者が相互にフェイス・トゥ・ファイス・コミュニケーションを行い，相乗効果として生まれてくる知識外部性と行った『集積の経済』の役割が決定的に重要なのである。この効果によって，知識労働者が相対的に少数の一部の都市に集積しているのであ

る。……このような産業クラスターでは，新しい知と知，知と技の組み合わせを通じて，さらに新しい知と技が生まれている。これらは，さらに豊かな『暗黙知』となり，当該都市で蓄積されていく。」（藤田他，2010，13-14頁）

　この点は，産業クラスターの成果測定にも現れている。たとえば，前述の研究会報告書では，産業クラスター政策の効果を多面的に測定するために，クラスター形成にかかわるストック，フロー，最終的効果といった側面で各種指標を活用するとしている。具体的には，①政策連携効果，②地域資源充実効果，③イノベーション創出環境改善効果，④イノベーション成果，⑤経済的成果，の各項目をあげている（産業クラスター研究会，2005，12頁）。

### (3) 集積による新たなキャパシティ利用の可能性

　第3章では，一組織の中で発生するキャパシティの問題を取り上げた。産業クラスターのような複数の組織が集積してネットワーク組織が形成された場合，そこには新たな形でキャパシティの問題が発生してくる。それぞれの組織が持つアイドル・キャパシティ，特に市場性のないアイドル・キャパシティが，ネットワークで結ばれることによって，市場性のあるアイドル・キャパシティとなり，イノベーションの創出によってそれが製品の製造に転化される可能性がある，ということである。

　たとえば，加藤（2016）で紹介されている，金型を製造する中小企業が集積した東大阪市の事例では，景気変動に伴う需要の変動を吸収するための同業者取引を行っている。中小の工場が仕事の融通をし合いながら，キャパシティ利用の平準化を行っている。これは，キャパシティ・マネジメントの観点からすると，このような取組みがない状態では一企業にとってアイドル・キャパシティとなっていたものが，同業者取引によって有効利用される，ということになる。

　産業クラスターのような連携によってイノベーションを生み出す場合，一組織ではアイドル・キャパシティを抱えていたとしても，それが製品やサービスの産出に結びつくことが考えられる。市場性のあるアイドル・キャパシティが活用される局面はもちろんであるが，それまで市場性のないアイドル・キャパ

シティとされていたものが，連携によるイノベーションによって市場性が付され，製品やサービスの産出に利用される可能性が出てくるのである。

## 4　産業クラスターの課題と管理会計の必要性

### 4.1　会計検査院の検査にみる食料産業クラスター協議会の問題点

#### (1)　会計検査院による検査

　産業クラスターの抱えている課題を明らかにするために，ここでは食料産業クラスターにかかわる問題点を検討してみよう。

　会計検査院は，2011年10月19日付けで農林水産大臣に宛て，「食農連携事業による新商品の開発等について」という検査結果を提出した。会計検査院は，一連の食料産業クラスター事業と食農連携体制強化事業を総称して「食農連携事業」とよんでいる。

　この検査は，「有効性等の観点」から，食農連携事業による新商品の開発等において，事業実施計画書どおりに国産農林水産物が主要原材料として活用されているか，主要原材料の使用量や新商品の販売額が目標を達成しているかなどに着眼して行われた。ここでいう「有効性」とは，補助事業において単に新商品が開発できたということではなく，地域の材料を有効活用し，販路を開拓して計画以上の売上を上げるなどによって，各事業の目的であった地域振興に寄与したのかどうかという観点である。

　北海道食料産業クラスター協議会等32協議会が2005年年度から2009年度までの間に実施した食農連携事業による新商品の開発等207件（事業費計8億5,238万余円（国庫補助金相当額計4億2,431万余円））を対象として検査を実施した。検査は，農水省本省において，課題提案書および事業実施計画書をもとに事業内容の審査方法等を聴取するとともに，この32協議会において，課題提案書等の関係書類やコア企業に記入を求めた調査票の内容を確認するなどして会計実地検査を行った。

　検査の結果，明らかになった新商品の開発等の状況は**図表9－2**の通りであ

る。

　2009年度（平成21年度）事業のため，事業成果報告書等の提出期限が到来していない34件を除いた173件のうち，主要原材料の使用量と新商品の販売額のいずれの目標も達成していたものは9件（全体の5.2%）にすぎなかった[1]。いずれかの目標を達成していなかったものは164件であった。このうち，特に新商品の開発等が順調に実施されていなかったものは，開発できなかったものまたは開発したものの製造・販売できなかったもの54件（全体の31.2%），事業完了年度の翌年度から3年以内に製造・販売を中止していたもの12件（6.9%）および達成率が30%未満のもの40件（23.1%）の計106件（61.3%）であった。

**図表9－2■新商品の開発等の状況**

| 新商品の開発等の状況 | 新商品の開発等（件） | 事業費（千円） | 国庫補助金相当額（千円） |
|---|---|---|---|
| 新商品の開発等が順調に実施されていなかったもの | 106(61.3%) | 495,988 | 247,304 |
| 　開発できなかったものまたは開発したものの製造・販売できなかったもの | 54(31.2%) | 255,029 | 127,137 |
| 　事業完了年度の翌年度から3年以内に製造・販売を中止していたもの | 12( 6.9%) | 30,866 | 15,433 |
| 　主要原材料の使用量および新商品の販売額の達成率が30%未満のもの | 40(23.1%) | 210,092 | 104,734 |
| 主要原材料の使用量または新商品の販売額の達成率が30%以上100%未満のもの | 37(21.4%) | 126,715 | 62,758 |
| 主要原材料の使用量または新商品の販売額の達成率が100%以上のもの | 30(17.3%) | 84,683 | 41,993 |
| 　うち主要原材料の使用量または新商品の販売額のいずれかの達成率が100%以上のもの | 21(12.1%) | 56,259 | 28,100 |
| 　うち主要原材料の使用量および新商品の販売額の達成率が100%以上のもの | 9( 5.2%) | 28,424 | 13,892 |
| 小　　計 | 173(100%) | 707,387 | 352,057 |
| 平成21年度事業のため，事業成果報告初等の提出期限が到来していないもの | 34 | 144,993 | 72,256 |
| 合　　計 | 207 | 852,380 | 424,313 |

（出所：会計検査院，2011）

## (2) 開発がうまくいかなかった事例とその原因

会計検査院では，新商品の開発等が順調に実施されていなかったもの106件（22協議会，事業費計4億9,598万余円，国庫補助金相当額計2億4,730万余円）について，その原因別に整理した。それは次の通りである。

> ア　主要原材料について仕入先の確保や特性の把握を十分に行っていなかったもの
> 　（17件　事業費計1億1,560万余円（国庫補助金相当額計5,779万余円））
> イ　製造過程における技術的な課題の解決や加工費の低減を実現していなかったもの
> 　（41件　事業費計1億1,977万余円（国庫補助金相当額計5,950万余円））
> ウ　開発した新商品が適切な販売価格になっていなかったり，消費者の需要に合っていなかったりしたもの
> 　（27件　事業費計1億6,656万余円（国庫補助金相当額計8,302万余円））
> エ　商品の製造業者や小売業者を決めていなかったもの
> 　（21件　事業費計9,405万余円（国庫補助金相当額計4,698万余円））

上記のような事例を踏まえ，会計検査院は，「食農連携事業が農商工連携の取組を通じた地域経済の活性化等に必ずしも寄与していない事態」であるとしている。これは，前述の「有効性の観点」が満たされていない状態である。その原因として，会計検査院が指摘したのは，次の通りである。

> ア　協議会及びコア企業において，主要原材料の仕入先の確保，製造過程における技術的な課題の解決策，販売価格の設定，事業の実施体制等について調査・検討を十分に行っていないこと
> イ　地方農政局において，事業実施計画書の審査に当たり協議会やコア企業による新商品の開発等に関する取組内容について十分に審査していないこと及び協議会から事業実績報告書，事業成果報告書等の提出を受けているのに，事業完了後の新商品の販売状況等について十分に把握しておらず，改善に向けた指導をほとんど行っていないこと

> ウ　農水省本省において，事業実施主体の採択に当たり，新商品の開発等に関する事業実施前の調査・検討状況等について事前の審査を十分に行っていないこと

「ア」の指摘においては，商品化のプロセスにおいて協議会がこれらの検討を十分に行っていなかったことが，事業化失敗の原因となっている。

「イ」と「ウ」の指摘は，そもそも新商品開発の計画そのものが杜撰であったということである。協議会は確固たる戦略のないまま杜撰な計画を立て，審査する農水省や地方農政局もきちんと計画を検討していなかったということである。

これらは，協議会の組織としての問題点と，クラスター事業をリードするコーディネータの問題点に起因するものであると考えられる。

## 4.2　食料産業クラスター協議会の問題点

### (1)　組織としてのクラスター協議会の性質

会計検査院の検査結果から見るに，各地の食料産業クラスター協議会は，補助事業の運営機関としてはうまく機能しているとはいえない状況であった。先の検査院での指摘にあるように，協議会が「主要原材料の仕入先の確保，製造過程における技術的な課題の解決策，販売価格の設定，事業の実施体制等について調査・検討を十分に行っていない」というのが現状であった。

食料産業クラスター協議会は，政策の後押しがあって設立されているが，その経緯から2つのタイプに分類される。1つは，母体となる組織があって，それが発展的に食料産業クラスター協議会となったものである。今1つは，補助金の受け皿として設立された協議会である。

たとえば，多収穫米を活用した米粉の開発に成功した熊本県食料産業クラスター協議会は，前者の例である。これはもともと，熊本県工業連合会食品部会を母体として立ち上げたのが始まりである（食品需給研究センター，2009，111頁）。このようなクラスター協議会は，組織としても安定しており，活動が続いている。熊本県食料産業クラスター協議会の場合，規模の拡大とともに，会長のカリスマ頼みの運営から，委員会形式の組織的な運営へと転換して活動を

続けている[2]。

　後者の例としては，九州のある県の食料産業クラスター協議会があげられる。協議会を設置すれば，補助金が受けやすくなるという九州農政局の勧めで設立された協議会である。商品開発や地域ブランドの確立といったことに対する戦略などは何もなく，補助金の受け皿となっていたものである。協議会を通さずに事業者に直接補助・融資が行われるようになってからは，協議会を中心とした商品開発は行っておらず，協議会は開店休業状態である。このように，設立の経緯の違いによって，協議会の活動状況に違いが出てきている。

### (2) コーディネータの機能不全

　クラスターにかかわる補助事業において協議会がうまく機能しなかった原因の１つに，コーディネータの問題があげられる。産業クラスターでは，属性の異なる組織が多数参加している。たとえば，食料産業クラスターの場合であれば，地域の農林水産業者，食品関連事業者，公設試験研究機関，大学，地方自治体といった組織が参加している。これらの参加者が連携をとっていくことになるのだが，それにはコーディネートする人材が必須である。クラスター事業の成否には，コーディネータが大きな役割を果たす。コーディネータは，協議会の事業を推進していく原動力として大きな期待を受けていたが，現実には十分に機能していなかったと思われる。

　たとえば，齋藤（2010）では，コーディネータの現状として，「全てのコーディネーターが，連携構築の促進に向け，取組の促進に寄与するための活動を行えているわけではありません。配置された人材ごとに差異があることも事実であり，コーディネーターの中には，自身の活動をどのように推進してよいのか，スキルやノウハウの低さが見られる場合もあります」（齋藤，2010，18頁）と指摘されている。

　コーディネータの問題点がより明確に示されているのが，勝野・藤科（2010）の食料産業クラスターにおけるコーディネータへのインタビュー調査である。コーディネータ全般の問題として次のようなコメントがだされた（勝野・藤科，2010，56頁）。

* 省庁や支援機関ごとにコーディネータの囲い込みを行っているようにも思える。コーディネータとはいったい何なのかも明確になっていないように感じる。
* 国や県・市町村の行政マンが行わなければならない仕事を，外注化している感もある。
* 補助事業等でコーディネータを派遣する場合，継続的な開発商品の販売を考えている企業かどうかをきちんと精査し，一部負担金を課すなど，その場しのぎの開発にならないようにして欲しい（補助金を使用している分，企業や地域側にリスクがないので，失敗してもいいやという甘えがある場合がある）。
* コーディネータの実績管理として何件つなげたかという評価指標は不適切。本来の目的の達成度で評価する必要がある（売上実績等）。

　これらのコメントを見ると，コーディネータの位置づけ・役割が協議会によっては不明確であったり，コーディネータに能力が不足していたり，能力のあるコーディネータの絶対数が不足していたことなどがわかる。行政が行うべき仕事を単に肩代わりしただけのコーディネータも存在していた。コーディネータが当初の期待通りに機能していない状況があったということである。
　前述のように，コーディネータには戦略の立案，属性の異なる組織のマッチング，事業化に向けての調整などといった役割が期待されていた。このような本来の役割を果たしていれば，会計検査院が指摘したような問題点の多くの部分は生じなかったものと思われる。


## 5　管理会計の対象としての産業クラスター

### 5.1　産業クラスターにおけるマネジメント上の課題

#### (1)　効果測定の試みとその課題

　このような課題を抱える産業クラスターの成果測定はどのように行われるのか？　前述のように，産業クラスター研究会（2005）によれば，産業クラスター政策の効果を多面的に測定するために，クラスター形成にかかわるストック，

フロー，最終的効果といった側面で各種指標を活用するとしている。具体的には，①政策連携効果，②地域資源充実効果，③イノベーション創出環境改善効果，④イノベーション成果，⑤経済的成果，の各項目をあげている（産業クラスター研究会，2005，12頁）。

経済産業省の「産業クラスター第Ⅱ期中期計画」では，産業クラスター計画の政策評価・管理システムとしてPDCAサイクルを実施することが謳われている（経済産業省，2006，20頁）。そこでは評価方法として個別プロジェクト計画の評価，プロジェクトの全体評価，全体計画の評価が取り上げられている。また，評価指標としては，クラスター形成にかかわるストック，フロー，最終的効果といった側面で，成果重視，顧客満足の視点に立ちつつ，プロジェクト参加効果，施策満足度効果，イノベーション創出環境改善効果，イノベーション効果，経済成果といった各種指標を活用するとある。このような指摘はあるものの，これらの指標をどのように測定し評価するのか，また，これらの指標間の関連性などのような具体的な提案はない。

産業クラスターの効果測定にかかわる最大の問題は，測定のための適切な方法が現状では存在しないという点である。経済的な協働である以上，経済的な効果が測定されなければ，参加組織のモチベーションは下がる一方であろう。また，国の政策として行われている場合，投入された税金との効果測定というのは政策評価上不可欠である。

### (2) 戦略の共有とコンフリクトの解消

産業クラスターでは，複数のネットワーク組織が重層的に展開され，ともすればクラスターの全体最適と各組織，各ネットワークの部分最適とがコンフリクトを起こす可能性がある。そのコンフリクトを避けるためには，まずはクラスターとしての戦略があること，そして参加組織間でその戦略の共有・理解がなされていることが必要になる。

### (3) 戦略達成のためのロードマップ

たとえば，経済産業省の「産業クラスター計画」では，「地域経済の内発的・自立的発展」がビジョンとして掲げられていたものの，それがどうすれば

達成できるのかというロードマップは明確にはなっていない。このロードマップがあれば，先に示したような戦略の共有・理解も進み，参加組織においてどのような活動をすれば全体の戦略を達成することにどのように貢献できるのかということが可視化される。これによって，参加組織のクラスターへの積極的な参加のモチベーションも上がる。

## 5.2　産業クラスターへの管理会計技法の応用の可能性

### (1)　バランス・スコアカード（Balanced Scorecard：BSC）の適用

5.1で指摘した課題を克服するには，産業クラスターの戦略遂行および効果測定にとってバランス・スコアカード（Balanced Scorecard：以下BSC）は非常に強力なシステムとなり得る。BSCはスコアカードと戦略マップから構成される。スコアカードの作成によって，産業クラスターの経済効果，インフラ整備の成果などが点数化されて評価される。また，戦略マップの作成によって，クラスター内における戦略の共有と，商品の開発，製造，販売を通じた価値創造のロジックを可視化することができる。

BSCは，戦略をアクションに転換するものとしてKaplan and Norton（1996）によって提唱された。戦略マップは，この考え方を可視化したロードマップとしてKaplan and Norton（2004）によって提唱されたものである。BSCとは，「ビジョンと戦略をアクションに落とし込み，成長力と競争力をつけ，未来を切り拓き，企業を成功に導く戦略的マネジメント・システム」（吉川，2001，1頁）である。BSCは，一見すると相反するようなさまざまな「視点」を「バランス」させてみるところに特徴がある。一般的なBSCでは，4つの視点，財務の視点，顧客の視点，内部プロセスの視点（業務プロセスの視点），人材と変革の視点（学習と成長の視点）を備えている。それぞれバランスさせる関係は次のようになる。

① 財務の視点に代表される過去と顧客の視点と内部プロセスの視点に代表される現在および人材と変革の視点に代表される将来
② 財務の視点のような短期と人材と変革の視点のような長期

③　人材と変革の視点および業務プロセスの視点に代表される社内と顧客の視点に代表される社外

　BSCは，単なる業績測定システムではない。最終的には財務的業績評価指標と非財務的評価指標を活用し，組織のビジョンと戦略を実現させることを促すシステムである。

　BSCでは，各視点において，戦略目標，戦略目標を達成するための重要成功要因，重要成功要因の達成度を測る業績評価指標，そしてそれを達成するためのアクションプランが設定される。これらの要素には因果関係があり，それは「横の因果関係」とよばれている。

　BSCの各視点間の因果関係（「縦の因果関係」という）を描写し，組織がいかにしてビジョンや戦略を達成できるようになるのか，という道筋を可視化したものが，戦略マップである。具体的には，人材と変革の視点における人材育成や組織インフラの整備がどのように内部プロセスの進展に作用し，その内部プロセスの進展が新しい商品やサービスを生み出して顧客のロイヤリティを高め，それが収益の向上に結びついて財務の視点における利益率や株主価値の向上に結びつくのか，ということを示すのである。このようなBSCと戦略マップの概要は，**図表9－3**の通りである。

　戦略マップは，ビジョンや戦略を達成するためのロードマップとなる。戦略マップを示すことは，組織の構成員が，組織の戦略を共有・理解することを促す。自らがどのように行動すれば，戦略の実現に近づくのか，ということを組織の構成員に理解させるという機能がある。

　また，戦略マップが作成されていれば，プロジェクトの進行中に実施状況が芳しくないということがわかれば，視点間，戦略目標間の因果関係を辿っていくことで，改善のポイントが明確になる。これは，プロジェクト終了後の事後評価においても同様である。

　産業クラスターにおけるBSCの構築例は，**図表9－4**のようなものである。

第 9 章 メゾ管理会計の構想：地域的サプライチェーンのマネジメント　153

図表 9－3 ■BSCと戦略マップの構造

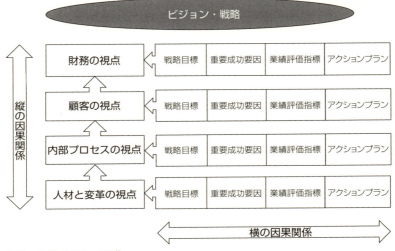

（出所：高橋，2015b，20頁）

図表 9－4 ■産業クラスターにおけるBSCの構築例

ビジョン
地域経済の内発的・自律的発展

|  | 戦略目標 | 重要成功要因 | 業績評価指標 | アクション・プラン |
|---|---|---|---|---|
| 財務の視点 | ・経済的効果 | 売上の増大<br>雇用の増大<br>税収の増大 | 売上高<br>雇用者数<br>税収 |  |
| 顧客の視点 | ・域外取引の充実 | 域外取引<br>リピーターの確保 | 域外取引高<br>リピート率 |  |
| 内部プロセスの視点 | ・イノベーション成果<br>・域内サプライチェーンの最適化 | 研究成果<br>域内企業間取引<br>新製品開発<br>新事業展開 | 特許件数<br>域内取引高<br>新製品開発数<br>新規事業数 |  |
| 人材と変革の視点（学習と成長の視点） | ・イノベーション創出<br>・環境改善<br>・地域資源充実<br>・政策連携 | 知識の共有<br>産官学共同研究<br>企業・大学の誘致<br>金融支援<br>生活インフラ・交通インフラの整備<br>人材育成 | 参加企業数<br>件数<br>誘致数<br>支援件数・金額<br>評価点<br><br>地元定着率，評価点 |  |

（出所：高橋，2013a，123頁）

(2) 経済的効果の測定とスコアカード

　BSCでは，学習と成長の視点，内部ビジネスプロセスの視点，顧客の視点が，最終的に財務の視点にどのように結びつくのか，ということを可視化する。これにより，完全とはいえないが，クラスターの経済効果の見積をたてることができる。産業クラスターにおける経済的効果の測定は，次の3点から重要である。(a)参加企業に対するモチベーションの維持，(b)潜在的に参加の可能性のある企業へのクラスター参加に対する誘因，(c)地域社会に対する説明責任である。

　参加企業が継続してクラスターに参加するには，クラスターに参加することでどういった経済的な「うまみ」があるのか，ということを示していく必要がある。現状では，経済的効果が測定されていないために，国や自治体等からの補助金が打ち切られると，参加を取りやめるという企業もあるという（高橋，2012d）。

　また，クラスターにおける経済的効果が可視化されると，現在は参加していないが，潜在的に参加が可能な企業にとってクラスターの魅力をアピールするという効果もある。新たな企業の参加により，イノベーション創出の可能性が拡がることが考えられる（金藤・岩田・高橋・内藤，2012）。

　地域で展開されているクラスターの運営には，地域社会の支援と理解が必要である。クラスターによって地域に対してどのような経済的効果（税収の増加，雇用の増加など）を生んでいるのか，ということを示すことは，地域社会に対するある種の説明責任である。特に，国や地方自治体から補助金を受けている場合にはこの説明責任の視点は非常に重要なものとなる。

　産業クラスターでは，評価する視点として考慮に入れなければならない要素に，非財務的な要素が非常に多い。自治体，研究機関など，財務的な指標だけでは評価ができないような組織をも含んでいる。ここでは，短期的な経済的効果と，イノベーション，人材育成，地域インフラの整備などのような比較的長期的な効果とをバランスさせて評価することが必要になる。これらの評価は，図表9-4にもあるようなBSCの人材と変革の視点（学習と成長の視点）において評価指標を定めることによって評価することができるようになる。

(3) 戦略達成へのロードマップとしての戦略マップ

戦略マップを産業クラスター単位で設定することの意義は，次のようなものが考えられる。

---
① クラスター参加者に対して，クラスターの戦略の共有と理解を促す。
② 価値創造のロジックを可視化することができる。
③ 事業の進捗状況をモニタリングすることができる。
④ クラスター形成によって整備されるインフラがもたらす長期的な経済効果を知ることができる。

---

戦略マップの作成によって，クラスターの参加者が，クラスターの戦略に容易にアクセスできるようになる。また，クラスターの参加者が，クラスターのプロジェクトにおいて自らの役割を理解できるようになる。したがって，戦略マップは，クラスター内のコミュニケーションツールとなりうる。

戦略マップによって，戦略目標達成へのロードマップが示されることにより，国からの補助事業のようなプロジェクトでは，事業の進捗や補助金の活用の状況を，事業者（クラスター参加者）がモニタリングできるようになる。それと同時に，政策主体（国，地方自治体等）も，それらの状況をモニタリングすることができる。

## 6　第9章の結語

これまでの管理会計は，一企業（組織）を対象として開発されてきた，いわばミクロレベルのものであった。本章での提言は，地域のようなミクロを超えたメゾのレベルにおける管理会計技法の適用である。それは，メゾ管理会計とよぶことができる。

近年，経済環境の変化に伴い，一組織の力だけではグローバル化した競争環境を生き抜いていくことは困難になってきている。産業クラスターの試みは，一組織だけの力でイノベーションの創出や価値の創出をするのではなく，地域

でネットワークを作ってそれらの創出をしていくという取組みである。地域ネットワーク組織は，ミクロでもマクロでもない，メゾレベルの組織である。経済行為が行われているところには，管理会計によるマネジメントが不可欠である。メゾレベルの経済行為のマネジメントのために，管理会計技法の適用が必要である。

◆注
1 なお，当時の成功した例は，鹿沼産ハトムギを使ったカステラ（栃木），地元の「六沢大根」をいぶした大根漬け（山形），県産小麦「ふくほのか」を使ったうどん（兵庫），二十世紀ナシを使った缶酎ハイ（鳥取），地元米を使った健康甘酒，地元産の富有柿を使ったまんじゅう（福岡）など9品である（朝日新聞2011年10月23日朝刊）。
2 この詳細については，高橋（2012d）を参照されたい。

# 第10章

# メゾレベルのBSC：
# サプライチェーン・マネジメントとBSC

## 1 はじめに

　本章では，メゾレベルの管理会計の対象である産業クラスターに対して，どのような形で，そしてどのようなプロセスでBSCが構築できるのか，という可能性を探る。複数の組織にまたがったBSCの構築の参考例として，サプライチェーンにおけるBSCをとり上げ，それを分類する。そして，産業クラスターがどのようなプロセスで形成されているのかを分類し，産業クラスターにおけるBSC構築のヒントを探る。

　前述のように，産業クラスターは，イノベーションの創出という特質と，地域的サプライチェーンという特質を持っている。イノベーションの成果を評価する，という点は，BSCの大きな特徴であるため，この点で産業クラスターにBSCを適用できる可能性がある。また，BSC研究においては，単一企業のスコアカードだけではなく，サプライチェーンの成果を測定・評価するためのサプライチェーンBSCのケースも報告されている。地域的サプライチェーンである産業クラスターに，この考え方が適用可能であると思われる。そこで本章では，サプライチェーンBSCを，構築プロセスの観点および形態の観点から分類し，地域的サプライチェーンである産業クラスターではどのようなプロセスでBSCが構築されうるのかについて検討する。

## 2　産業クラスターの特質とBSC適用上の問題

### 2.1　イノベーションとBSC

　BSCが提唱されたのには，企業が継続的に成長するためには短期的な財務指標や非財務指標のみの追求では不十分である，ということが認識されてきたという背景がある。その中でも，イノベーションが企業の長期的な成長に与える影響が重視されている。その効果が企業の戦略やビジョンの達成にどのように貢献するのか，ということをBSCによって明示しようとしている。

　Kaplan and Norton（2001）におけるBSCでは，イノベーションの増加は，内部プロセスの視点に組み入れられている。

　　「イノベーションの増加は，一般に長期的な収益や利益の改善を生み出す。」
　（Kaplan and Norton, 2001, p. 94）

　内部の視点におけるイノベーションの価値連鎖は，**図表10－1**に表されている。

図表10－1 ■内部の視点における一般的なバリューチェーンモデル

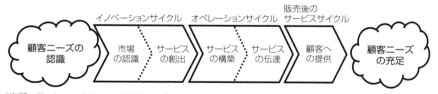

（出所：Kaplan and Norton, 1996, p. 63）

　イノベーションにかかわる目標をBSCに取り込むことの重要性について，Kaplan and Norton（1996）は次のように指摘している。

　　「伝統的な業績測定システムでは今日の製品やサービスを今日の顧客に配送するプロセスに焦点を当てている。これらは，現在あるオペレーションの統制や改善を試みており，価値創造の『短い波』である。しかし，長期的な財務的成功のドライ

バーは，組織に，現在そして未来の顧客の新しいニーズに見合うような完全に新しい製品やサービスを創り出すことを要求する。多くの組織にとって，イノベーションプロセスは，価値創造の『長い波』であるが，短期のオペレーティングサイクルというよりも，長期の財務業績のパワフルなドライバーとなる。……バランス・スコアカードの内部ビジネスプロセスの視点は，短い波のオペレーションサイクルと同じように長い波のイノベーションサイクルの目標と測定尺度を含んでいる。」(Kaplan and Norton, 1996, p. 63)

イノベーションを特に重視する企業の場合，これを視点として独立させているケースもある。たとえば，Olve et al.（2003）の示したEricsson社のBSCでは，第5の視点としてイノベーションの視点が独立して存在している。

前述のように，産業クラスターにおいてはイノベーション創出環境改善効果とイノベーション成果というものが重視される。BSCにおけるイノベーションの成果測定というフレームは，産業クラスターの成果測定に非常にマッチするものと思われる。

## 2.2 サプライチェーンにおけるBSC

産業クラスターは，企業や自治体，研究所や大学などがそれぞれネットワーク組織化しており，さらにそれが重層的に展開されている。それぞれのネットワーク組織，ネットワークを構成する個々の組織体が，ややもすると目標を見失い，個々の思惑だけで動いてしまう可能性がある。したがって，クラスター全体のビジョンや戦略を達成するためには，それを推進するための強力な「羅針盤」が必要である。BSCはその「羅針盤」たり得るツールである。

BSCは，単体の組織のみで用いられるのではない。Olve et al.（1999）にも指摘があるように，パートナーを組んでいる企業間にも用いられる。そこでは業績評価指標として，共同による顧客価値創造や共同事業の特別な成功要因（共同プロジェクト数，個人契約数，共有データベースへの貢献など）にフォーカスすべきであるとしている。これはまさに産業クラスター全体を評価する際にも用いることができる指標である。

前述のように，産業クラスターは地域的サプライチェーンを形成しているという特質がある。産業クラスターにBSCを適用する場合には，サプライチェーンの成果を測定できる視点なり業績測定尺度が必要となってくる。

## 2.3 産業クラスターへのBSC適用の課題

以上の点から，産業クラスターへBSCを適用するには，2つの課題があることが分かる。まず第1点目として，イノベーションの成果を測る指標を取り入れるという点である。繰り返しになるが，この点については元来BSCが持っている特徴をそのまま活かすことで対応が可能である。

もう1つの課題が，サプライチェーンにおけるBSCはどのように構築すべきか，という問題である。前述のように，産業クラスターは地域的サプライチェーンという性格を持つ。産業クラスターにおけるBSCを構築する場合には，サプライチェーンにおけるBSCの性格をよく理解しておく必要がある。そこで，次に，サプライチェーンにおけるBSCの議論を検討する。

## 3 サプライチェーンとBSC

### 3.1 2社協同のサプライチェーンBSC

(1) 製造会社と販売代理店のBSC

サプライチェーンが存在する企業でのBSCを取り上げたものに，Zimmerman (2002) がある。ここで取り上げているのは，国際的に展開する化学製造会社International Chemicalsと，中規模の販売代理店ChemTradeのケースである。この両社がサプライチェーンを形成している。

(2) BSC構築の手続

このBSCでは，まず2つの会社の戦略目標を定義することから始める。共有ビジョン，ジョイント戦略目標を定義する。そして，戦略目標を定義し，選択し，文書化する。同じく，業績測定尺度を考察し，選択し，文書化する。つづいて，スコアカードのレイアウト等を決定していく。これを，両社の経営管理者や従業員からなるワークショップによって行うのである（Zimmerman, 2002, pp. 402-403)。

### (3) サプライチェーンBSC

上記の手続を経て作成されたBSCは，**図表10-2**のようなものである。このBSCを作成するに当たり，焦点となったのは，顧客満足をいかに高めるか，そしてロジスティックスのプロセスをいかに改善するのか，ということであったという。

**図表10-2 ■ サプライチェーンBSC**

| 視点 | 戦略目標 | 業績測定尺度 |
|---|---|---|
| 財務の視点 | 収益を生む成長 | 売上高<br>マーケットシェア |
| 顧客の視点 | 顧客満足の増大 | 顧客満足度指標<br>クレーム件数<br>クレームのノルマ |
| プロセスの視点 | 配送サービスの強化<br>在庫コストの削減<br><br>管理プロセスの改善 | 配送の信頼性<br>在庫<br>販売日数<br>販売量 |
| 開発の視点 | 電子取引の利用<br>協働における従業員満足の増加<br>マーケティングの戦略とアクションの結合 | （定義なし） |

（出所：Zimmerman, 2002, p. 406）

企業間の業績測定尺度としては，クレーム件数，クレームのノルマ，在庫，販売日数があげられる。

International ChemicalsとChemTradeの両方には，ジョイント・プロジェクトに優先するBSCは導入されていない。したがって，サプライチェーンBSCと両社のBSCとは結合関係がまったく確立していない。しかしながら，企業の戦略目標は，ジョイント・サプライチェーンの目標の定義を基礎として形成された，International Chemicalsのマーケティングとロジスティックスからの目標とChemTradeの企業目的として分解される（Zimmerman, 2002, p. 408）。

### (4) 通常のBSCとの相違点

Zimmerman（2002）は，サプライチェーンBSCの特徴を，従来のBSCとの比較で，**図表10－3**のように整理している。とりわけ大きな違いは，サプライチェーンBSCでは，企業間業績測定尺度を用いる点，という点である。因果関係の追跡も，戦略目標間のみにとどめている点，業績測定尺度（およびスコアカード）の階層化をしない点も特徴的である。

**図表10－3 ■サプライチェーンBSCの特質**

| 特徴 | 伝統的なBSC | サプライチェーンBSC |
| --- | --- | --- |
| 業績測定尺度のバランス | ・財務的指標と非財務的指標<br>・先行指標と実績指標<br>・外部尺度と内部尺度 | ・非財務指標と先行指標に焦点<br>・外部尺度と内部尺度 |
| 戦略からの業績測定尺度 | ・ビジネスユニットや企業の戦略の経験的ケースからのものが主流 | ・ジョイント・サプライ・チェーン戦略 |
| 業績の次元 | ・戦略にしたがった次元<br>・企業の特性を反映した次元<br>・4次元のBSC | ・戦略にしたがった次元<br>・サプライチェーンの特性を反映した次元<br>・4次元のBSCを適用 |
| 因果関係 | ・戦略目標間<br>・業績測定尺度間 | ・戦略目標間のみ |
| 業績測定尺度の階層 | ・企業レベルから個々のレベルまでのトップダウンによるBSCの分解 | ・トップダウンの分解はしない。サプライチェーンBSCは2つの会社の第一のスコアカード |
| 焦点を当てる業績測定尺度の数 | ・15～20の業績測定尺度を推奨 | ・7つの月次に収集される業績測定尺度と2つの年次に収集される業績測定尺度 |
| 企業間業績測定尺度 | ・なし | ・4つの企業間業績測定尺度 |

（出所：Zimmerman, 2002, p. 411）

### (5) BSCの効果

このBSCから得られたベネフィットは，次のようなものであったという（Zimmerman, 2002, p. 412）。

- ・情報交換を通じたサプライチェーン・パートナーへの信頼の増加
- ・サプライチェーン協働の成功の継続的なモニターが可能

- パートナーシップによって始められたアクションの結果の評価が可能
- BSCが重要な業績測定尺度へのフォーカスを提供
- 企業間業績測定尺度の利用により，サプライチェーン改善に対する潜在力の認識・実行が可能
- よりよい情報交換を通じて高まった計画の安全性
- BSCによるジョイントの改善努力に関する議論の効果的なフレームワークの提供

### (6) BSC構築の留意点

Zimmerman（2002）によれば，サプライチェーンBSC構築においては，次の点に留意すべきであるという（Zimmerman, 2002, pp. 412-413）。

- 参加企業のトップマネージメントのコミットメント
- 経済的な方法による業績測定尺度の選択
- サプライチェーン全体の在庫といった企業間データの追加的な表示
- BSCの複雑性の最小化の維持
- BSCの実行の責任の明確化
- BSC構築におけるファイブのファシリテイターの活用
- BSCが適切なデータを提供しているかのチェック，データの質の継続的な改善，データ収集にかける努力の削減

このような点を上げるものの，Zimmerman（2002）は，サプライチェーン全体にわたるBSCの実行は理論的には望ましいものの，実務的には難しいということを指摘している（Zimmerman, 2002, p. 413）。

## 3.2 バランス・サプライチェーン・スコアカード（Balanced Supply Chain Scorecard：BSCS）

### (1) SCMとBSC

バランス・サプライチェーン・スコアカード（Balanced Supply Chain Scorecard：以下BSCS）とは，Park et al.（2005）による造語である。これは，Park et al.（2005）が，BSCにおいてサプライチェーン・マネジメント（SCM）をよ

り効果的に行うために提唱するものである。BSCとSCMの文献調査に基づき，BSCの視点を改良し，業績測定尺度の洗い出しを行っている。

### (2) BSCSにおける視点

BSCSでは，SCMを促すという意味で，BSCに対して次のような拡張が行われる。

「・BSCにおける内部ビジネスプロセスの視点は，サプライヤーと顧客のSCMのコミュニケーションとコラボレーションのための組織間のプロセスを含むように拡張される。したがって，BSCSでは，内部ビジネスプロセスの視点を，内部プロセスと外部プロセスの両方を含むビジネスプロセスの視点に変更する。
・特にSCMの需要サイドに関しては，顧客に関するプロセスの測定尺度は多数存在する。我々の研究では，顧客の視点の中に，「顧客関係」という目的における顧客関連プロセスに関する尺度を含める。他の内部的プロセスとサプライヤー関連のプロセスはビジネスプロセスの支店の中に含める。」（Park et al., 2005, p. 337）

### (3) BSCSの構造

BSCSの構造は，**図表10－4**の通りである。

**図表10－4 ■BSCSの構造**

| 財務の視点 | | 利益　収益　原価構造　資産の利用 |
|---|---|---|
| 顧客の視点 | | プロダクト・リーダーシップ　顧客関係　企業イメージ |
| ビジネスプロセスの視点 | 内部 | 製造プロセス　在庫管理　ロジスティックス　柔軟性　規則と社会 |
| | 外部 | ソーシング・リーダーシップ　コラボレーション　購入注文取引 |
| 学習と成長の視点 | | 人的資本　情報資本　組織的資本 |

（出所：Park et al., 2005, p. 340より）

先の引用にもあるように，ビジネスプロセスの視点の中を，外部と内部に分けている点が特徴的である。

### (4) BSCSにおける業績測定尺度

BSCSにおける業績測定尺度は，**図表10－5**の通りである。これは，Park et al.（2005）がBSCとSCMの文献を調査した結果である。

## 図表10-5 BSCSの業績測定尺度

| 視　点 | 目　標 | 業績測定尺度 |
|---|---|---|
| 財務の視点 | 利益の増加<br>収益の増加<br><br>原価構造の改善<br><br><br><br><br>資産利用の改善 | 利益総額<br>収益総額<br>販売の成長<br>原価総額<br>製品単位当たり原価<br>在庫費用<br>配送コスト<br>段取りコスト・段取り替えコスト<br>キャッシュ・フロー |
| 顧客の視点 | プロダクト・リーダーシップの改善<br><br><br>顧客関係の改善<br><br><br><br><br><br><br><br>企業イメージ | 製品の品質<br>製品価格<br>製品とサービスの範囲<br>返品率<br>顧客への反応時間<br>オンタイム配送<br>完成品在庫<br>完成品欠品<br>得意先の売上と新規顧客の売上<br>注文充足率<br>注文の追跡<br>顧客の最初のコールを解決した比率<br>イメージ<br>評価 |
| ビジネスプロセスの視点　内部 | 製造プロセスの効率の改善<br>在庫管理の改善<br><br><br><br><br>配送効率の増大<br><br>柔軟性の増大<br><br><br><br>新製品開発の改善 | 製造リードタイム<br>歩留まり<br>腐敗在庫<br>陳腐化在庫<br>在庫の精度<br>材料在庫<br>材料欠品<br>配送の柔軟性<br>トラック積載の利用度<br>緊急注文へ反応<br>スケジュールの遵守<br>予測精度<br>数量の柔軟性<br>ミックスの柔軟性<br>新製品の市場投入時間<br>新製品の売上高比率 |
| ビジネスプロセスの視点　外部 | ソーシング・リーダーシップの改善<br><br><br><br><br><br>パートナーとのコラボレーションの改善<br><br><br>購買注文取引効率の改善 | 購買財の品質<br>調達管理コスト<br>購買財の価格<br>契約成立時間<br>契約製薬の割合<br>材料返品率<br>サプライヤーのオンタイム配送<br>注文情報の共有<br>在庫情報の共有<br>予測情報の共有<br>パートナーへの信頼<br>オンライン購買注文処理の比率<br>購買注文の達成率 |
| 学習と成長の視点 | 無形資産の増加 | 人的資本<br>情報資本<br>組織的資本 |

（出所：Park et al., 2005, pp. 341-343より筆者作成）

外部ビジネスプロセスの視点が大きな特徴である。製造企業にとってアウトソーシングが増加しているということが，この視点をより重要視することにつながっており，SCMでもこの解決が必須であるという（Park et al., 2005, p. 342）。図表中で網掛けになっているのは，BSCの文献には現れず，SCMの文献に示されていた業績測定尺度である。企業間の取引がある場合に見なければならない尺度である。

### 3.3 バランス・サプライチェーン・マネジメント・スコアカード (Balanced Supply Chain Management Scorecard：BSCMSC)

#### (1) SCMにおける業績評価の問題点とBSC

Bhagwat and Sharma（2007）は，サプライチェーンを形成している企業において，日々の業績を評価するという目的で，SCMを考慮に入れたBSCを適用することを提案している。

Bhagwat and Sharma（2007）によれば，SCMにおける業績評価の問題点は，次のようなものであるという（Bhagwat and Sharma, 2007, p. 53）。

---
・バランス・アプローチの欠如
・利用する指標の数に対する理解の欠如
・戦略レベル，戦術レベル，オペレーショナルレベルにおける指標間の明確な識別の欠如

---

この問題を克服するために，SCMの評価のためにBSCを適用しようと考える。SCMの業績を包括的に評価するために，サプライチェーンで用いられる指標をBSCに取り込もうと考えるのである。そこで構築されるのが，バランス・サプライチェーン・マネジメント・スコアカード（Balanced Supply Chain Management Scorecard：以下BSCMSC）である。

#### (2) BSCMSCの構築

BSCMSCの構築は，以下のステップを踏む（Bhagwat and Sharma, 2007, pp. 55-56）。

① 組織のBSCMSCのコンセプトを自覚する
② 以下のデータを収集し，分析する
　企業戦略，ビジネス戦略，SCM戦略
　企業戦略，ビジネス戦略，SCM戦略に関連する目標とゴール
　SCM評価ですでに用いられている伝統的な指標
　BSCの4つの視点に関連する潜在的な指標
③ 4つの視点におけるSCM機能の企業目標とゴールを明確に定義する
④ 定義された企業の目標とゴールに基づいた準備的スコアカードを作成する
⑤ そのスコアカードについてマネジメントからのコメントとフィードバックを受ける
⑥ 組織によって利用されるBSCMSCにコンセンサスを得る
⑦ すべてのステイクホルダーに，BSCMSCとその注目すべき合理性についてコミュニケーションを取る

BSCMSCを戦略的マネジメントシステムとして効果的に導入するには，次のような点が重要であるという（Bhagwat and Sharma, 2007, p. 57）。

① ビジョンと戦略をアクションプログラムに落とし込むために明確にし，翻訳する
② 戦略目標をチームや個人のゴールを結びつける
③ 戦略目標を資源配分に結びつける
④ 期間ベースの業績データをレビューし，戦略に適切になるように調整する

### (3) 業績指標

Bhagwat and Sharma（2007）が提案するBSCMSCにおける業績測定指標（metrics）は，**図表10－6**のようなものである。視点によって，重複するものがあることに注意を要する。サプライチェーンにおける成果（outcome）を測定するためには，サプライチェーンのサイクルタイムを測定するための指標などが必要になってくる（Bhagwat and Sharma, 2007, p. 56）。

図表10-6 ■業績測定指標

| 財務の視点 | 顧客の視点 |
|---|---|
| 顧客照会時間<br>純利益対生産性比率<br>ROI<br>予算差異<br>バイヤー・サプライヤー間のパートナーシップのレベル<br>配送業績<br>サプライヤーの原価節約のイニシアチブ<br>配送の信頼性<br>営業時間当たりのコスト<br>情報コスト<br>サプライヤーの却下率 | 顧客照会時間<br>顧客が知覚した製品価値のレベル<br>製品とサービスの範囲<br>注文リードタイム<br>特定の顧客ニーズに対応するためのサービスシステムの柔軟性<br>バイヤー・サプライヤー間のパートナーシップのレベル<br>配送リードタイム<br>配送業績<br>配送の信頼性<br>緊急配送への反応<br>配送計画の効果性<br>情報コスト<br>配送文書化の質<br>ドライバーの信頼性<br>配送財の品質<br>欠陥ゼロ配送の達成 |
| 内部ビジネスプロセスの視点 | イノベーションと学習の視点 |
| サプライチェーンのトータルサイクルタイム<br>トータルキャッシュフロータイム<br>特定の顧客ニーズに対応するためのサービスシステムの柔軟性<br>業界標準に対するサプライヤーリードタイム<br>予測技法の正確性<br>製品開発のサイクルタイム<br>購買注文のサイクルタイム<br>プロセスの計画サイクルタイム<br>製造マスタースケジュールの効果性<br>能力利用<br>棚卸資産原価<br>　入庫のレベル<br>　仕掛品<br>　スクラップの価値<br>　輸送中の完成品<br>サプライヤー却下率<br>購買注文サイクルタイムの能率<br>配送の頻度 | 技術上の問題を解決する際のサプライヤー支援<br>品質問題に応えるサプライヤーの能力<br>サプライヤーの原価節約のイニシアチブ<br>手続におけるサプライヤーの記帳<br>能力利用<br>注文受入手法<br>予測技術の正確性<br>製品開発のサイクルタイム<br>特定の顧客ニーズに対応するためのサービスシステムの柔軟性<br>バイヤー・サプライヤー間のパートナーシップのレベル<br>製品とサービスの範囲<br>顧客が知覚した製品価値のレベル |

(出所：Bhagwat and Sharma, 2007, pp. 53-54より筆者作成)

## 3.4 RSC (Relationship Scorecard)

### (1) RSCの背景

Jerez et al. (2009) によって示されたのが，インドのIT会社であるInfosys社のRelationship Scorecard (RSC) のケースである。Infosys社では，2001年の初頭から，.comブームの終焉と2000年問題以降，収益成長率の落ち込みを経験したことから，新しいチャレンジを開始した。そこで，戦略の公式化とモニターを図るため，BSCを導入することになる。

そのBSCを，変質する (transformational) 顧客との関係の管理に拡張したのが，RSCである。Infosysでは，同じ顧客に対して，提供するサービスが段階的に変化する。まず，最初はクライアントに対する単純なソリューションの提供である。次の段階が，クライアントの成長を支援するサービスの提供である。さらに進むと，クライアントの組織変革を支援するサービスの提供という段階になる (Jerez et al., 2009, pp. 7-8)。

### (2) 顧客関係の業績管理とRSC

このように，Infosysの場合は顧客との関係が段階的に変質していく。このような顧客関係の業績を把握するためには，従来のBSCの4つの視点では十分ではないと彼らは考えている。

そこで，RSCでは，3つの視点 (dimensions) を設定する。関係の価値 (relationship value)，関係の強さ (relationship strength)，将来の価値と成長 (future value and growth) である (Jerez et al., 2009, p. 13)。

関係の価値は，プロジェクト開発における優位性の重要性を認識するものである。尺度としては，品質，生産性，スケジューリング，予算・コストの遵守があげられる。

関係の強さとは，BSCにおける顧客の視点を把握するものである。尺度としては，伝統的な意味での顧客満足や，Infosysによるビジネスの新規開拓，InfosysによるITプロジェクト・ポートフォリオの高いシェアなどによってもたらされる顧客満足などがある。

将来の価値と成長とは，Infosysがクライアントの将来のニーズを満たすよ

う開発する必要があるコンピタンスを強調するものである。Infosysはクライアントの将来の戦略を深く理解し，コンピタンスを開発しなければならなかった。それは，クライアントの戦略上のニーズに叶うようなプログラムマネジメント，技術ノウハウ，ドメインナレッジである。

### (3) RSCのフレームワーク

RSCは，ビジネス・スコアカードとよばれる通常のBSCと，ITスコアカードとの多層構造になっている。そのフレームワークは，**図表10－7**の通りである。

**図表10－7　RSCのフレームワーク**

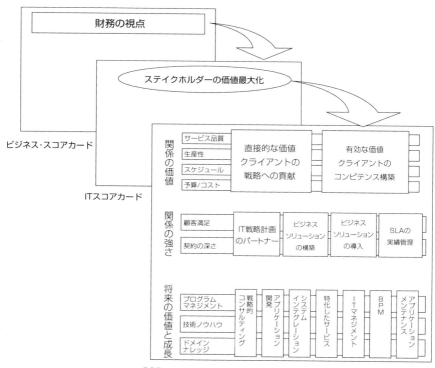

（出所：Jerez et al., 2009より一部修正）

### (4) RSCの適用範囲と成功の鍵

RSCは，すべての顧客と作成するわけではないという。この作成は非常に効果であるからである。そのため，どの顧客とRSCを構築するか，ということを熟慮しなければならない。

RSCの成功する鍵は，時間などのコミットメントと，クライアントとの信頼のレベルにあるという。クライアントがRSCにあまり投資をしたくないと考えている場合，両社の戦略的パートナーシップを次のレベルに引き上げるために費やす時間は無駄なものになるという（Jerez et al., 2009, p. 14）。

## 3.5 アライアンスとBSC

### (1) アライアンスの克服すべき問題とBSC構築の必要性

Kaplan et al.（2010）は，2社のアライアンス・マネジメントにBSCを適用するケースを取り上げている。ベルギーに拠点を置く化学会社Solvay社は，2000年当時，臨床試験に50社のサプライヤーを使っていた。経営陣は，より高い効率性とよりよい成果を上げるために，すべての臨床試験を一社に任せた方がよい，と感じていた。そこでパートナーとなったのが，Quintiles社である。両社の関係は，当初の5年間は比較的上手く行っていた。2006年に，従来型のアウトソーシングを超えた，真のアライアンスを構築しようと考えた。

このアライアンスの克服すべき問題として，次の点があげられている。

「・ジョイント戦略よりも，アライアンスの契約条件に焦点を当ててしまう。
・戦略の管理よりも，内部的にアライアンスを売り込むことにより時間と努力を費やしてしまう。
・戦略の達成の障壁を取り除くことよりも，アライアンスをコントロールしリターンを引き出すことに専心してしまう。」（Kaplan et al., 2010, p. 118）

両者ともに独自にBSCを構築・運用していた。その経験から，両社は，結合的なBSCと戦略マップを描くことが，アライアンスの目標に対するコンセンサスと協力を促すことになると感じていた。

### (2) アライアンス・スコアカードの構築

両社の7名からなるジョイント運営委員会（joint steering committee：JSC）が設立され，マップとスコアカードの構築を概観し，ガバナンスのプロセスを導いた。そこで構築されたのが，アライアンス・スコアカード（Alliance Scorecard）とよばれるものである。

アライアンスの戦略目標は，次の5つである。アライアンスの存続，コラボレーション，スピードとプロセスのイノベーション，成長，両社の価値，である。これらの戦略目標は，スコアカードにおける複数の視点にまたがっている。たとえば，スピードとプロセスのイノベーションというテーマは，ビジネスプロセスの視点，顧客の視点，ステイクホルダーの視点にまたがっている（Kaplan et al., 2010, p. 119）。

### (3) アライアンス戦略マップ

Kaplan et al.（2010）によって示されたアライアンス戦略マップは，**図表10－8**のようなものである。

### (4) アライアンス・スコアカードの効果

アライアンス・スコアカードには，次のような効果があったという（Kaplan et al., 2010, p. 120）。

```
・臨床研究のトータルサイクルタイムが40％減少
・業績を上げていないサイトを半減
・サイト当たり25,000ユーロから35,000ユーロの節約
・戦略マップの共通目標への理解を共有
・臨床プログラムの設計に対する戦略的・科学的意思決定の促進
・時間とお金の節約
・アライアンス戦略への焦点を維持
```

第10章 メゾレベルのBSC：サプライチェーン・マネジメントとBSC　173

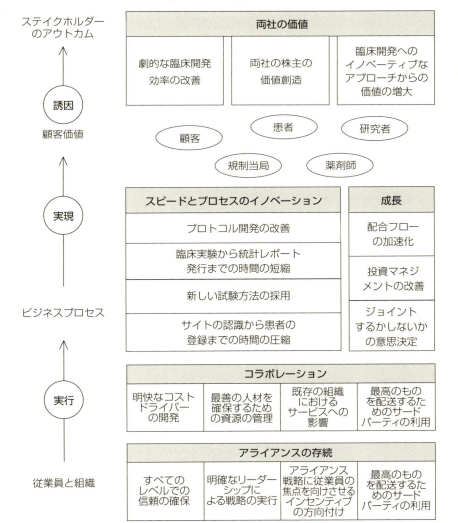

図表10－8 ■アライアンス戦略マップ

（出所：Kaplan et al., 2010, p.116より一部修正）

このような効果があった一方で，JSCのメンバーは，アライアンス戦略マップとスコアカードの構築には，それぞれの会社内で構築するマップやスコアカードの場合よりもより多くの時間が必要とされたことを認めている。そもそもまったく異なるビジネスモデルと企業文化を持つ両社を連携させるプロセスが必要とされたのである。

## 4 サプライチェーンBSCの特徴と類型

### 4.1 サプライチェーンBSCの類型

2つ以上の組織がサプライチェーンを形成し，そこにBSCを導入しようとする場合，どのような形態のBSCを構築するのか，そしてどのような手続・プロセスでBSCを作成するのか，ということが問題となる。

以上で述べたサプライチェーンにおけるBSCは，2つの基準から分類が可能である。その分類とは，構築プロセスからの分類と，形態からの分類である。

構築プロセスの分類では，そのBSCが主体となる企業が主導的に作成したものか，それともサプライチェーンを構成する企業が共同で作成したのか，という観点からBSCを分類する。この基準から分類すると，次の2つのパターンに類型化することができる。主導型BSCと協同型BSCである。本章で取り上げたものでいえば，Park et al. (2005)，Bhagwat and Sharma (2007)，Jerez et al. (2009) が主導型BSC，Zimmerman (2002)，Kaplan et al. (2010) は協同型BSCである。

形態からの分類では，サプライチェーンの成果を測るための指標を既存のBSCの各視点に分散的に組み込んでいるのか，あるいは成果を測るための指標を1つの視点として，あるいはBSCそのものをモジュールとして持っているのか，という観点からBSCを分類する。これもまた2つのパターンに類型化することができる。分散型BSCとモジュール型BSCである。本章で取り上げたものでいえば，Zimmerman (2002)，Bhagwat and Sharma (2007) が分散型にあたり，Park et al. (2005)，Jerez et al. (2009) と Kaplan et al. (2010) がモ

ジュール型にあたる。後述するが，これはさらに部分モジュール型と完全モジュール型に分類される。

2つの分類基準は，マトリクス状になっている。その関係は，**図表10－9**のようになる。

**図表10－9 ■サプライチェーンBSCの類型**

| | | 構築プロセスからの分類 ||
|---|---|---|---|
| | | 主導型BSC | 協同型BSC |
| 形態からの分類 | 分散型BSC | Bhagwat and Sharma (2007) | Zimmerman (2002) |
| | モジュール型BSC　部分型 | Park et al. (2005) | |
| | モジュール型BSC　完全型 | Jerez et al. (2009) | Kaplan et al. (2010) |

(出所：高橋，2011b，14頁)

以下，それぞれの分類の特徴について述べる。

### 4.2 構築プロセスからの分類

#### (1) 主導型BSC

主導型BSCとは，主体となる企業が主導してサプライチェーンを考慮に入れたBSCを構築するタイプである。主体となる企業のBSCの中に，サプライチェーンの成果を測定する指標を組み込んだものである。

#### (2) 協同型BSC

協同型BSCとは，サプライチェーンを構成する企業間で協同で作成されたものである。これはパートナーを組み企業間で共通の戦略を策定し，それにしたがってBSCを作成していくことになる。Zimmerman (2002) においても，Kaplan et al. (2010) においても，BSCを作成するためのプロジェクトチームが編成さ

れ，共通の戦略・ビジョンにしたがってBSCを作成している。

### (3) 構築プロセス相違の要因
#### ① 構築コストの観点

　BSC構築プロセスの広い意味でのコストという観点から見ると，主導型BSCの方がコスト的には有利である。協同型BSCの場合は，戦略の策定段階からサプライチェーンを構成する企業での協議を行うため，非常に時間と手間がかかってしまう恐れがある。本章で取り上げたケースは，いずれも2社間における協同構築を想定しているが，構築に参加する企業が3社以上になった場合，非常に煩雑で運用も難しくなってしまう可能性がある。Zimmerman（2002）は，経験的にこの種のBSCは基本的に一対一の関係で成立すると指摘している（Zimmerman, 2002, p. 413）。

#### ② 戦略の共有度，コア企業の力

　プロセス選択がどのように行われるのかを，組織間の力関係と戦略の共有化への要求という観点から，仮説的に考えてみる。その関係を表したのが，**図表10−10**である。

　コア企業が他の企業よりも大きな力を持ち，またサプライチェーン全体の戦略をコア企業が支配している，といったような場合には，主導型の構築プロセスになる可能性が高い。一方，サプライチェーンに参加している企業の力関係が，拮抗とまでは行かなくてもさほど大きな差がないような場合で，戦略の共有に対する要求が大きいような場合は，協同型のプロセスをとる可能性が高い。先に見たKaplan et al.（2010）では，サプライチェーンを構築している両社がウイン-ウインの関係を構築するための戦略を共有したスコアカードが協同で構築されている。

第10章　メゾレベルのBSC：サプライチェーン・マネジメントとBSC　177

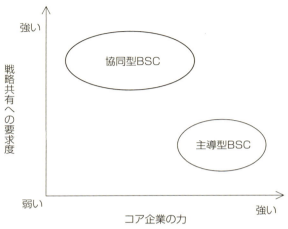

図表10-10 主導型BSCと協同型BSC

（出所：高橋，2011b，16頁）

## 4.3　形態からの分類

### (1)　分散型BSC

　分散型BSCとは，サプライチェーンの成果を測定する指標を，BSCの各視点の中に分散して組み込んだものである。サプライチェーンが与える各視点への影響を包括的かつ直接的にBSCに取り込もうとするものである。Bhagwat and Sharma（2007）では，サプライチェーンの成果を測る指標としてサプライヤーとの関係のレベルというものを各指標の中に置いている。

### (2)　モジュール型BSC

　モジュール型BSCとは，サプライチェーンの成果を測定するためのモジュールを作成するタイプのBSCである。これはさらに2つのタイプに分類されうる。1つは，BSCにおける視点の中にモジュールを組む形式である。ここではこれを部分モジュール型とよぶ。もう1つは，サプライチェーンの成果測定に特化したBSCそのものをモジュールとして作成する場合である。ここではこれを完全モジュール型と名付けておく。

　Park et al.（2005）のモデルは，部分モジュール型BSCであるといえる。こ

の場合，BSCの典型的な視点であるビジネスプロセスの視点の中に，サプライチェーンの成果を測定するための外部プロセスの視点を設けている。

一方，Jerez et al. (2009) とKaplan et al. (2010) のケースは，完全モジュール型BSCである。Jerez et al. (2009) の場合は，RSCがモジュールとして作成され，ITスコアカードへを通じてInfosys社のBSC（ビジネス・スコアカード）に展開されている。Kaplan et al. (2010) のケースでは，それぞれの企業がBSCを持ち，それとは別にアライアンス戦略を成功させるためのBSCが作成されている。

### (3) 両タイプの比較

分散型BSCでは，サプライチェーンの形成による成果を測る指標がいろいろな視点の中に含まれているため，それぞれの指標の因果関係を直接的に反映させることができるというメリットがある。一方，モジュール型BSCでは，1つの視点の中にサプライチェーンの成果を測るための指標が集中していたり，文字通りのモジュールBSCを作成しているため，共有戦略，サプライチェーンのもたらす成果を可視化しやすいということができる。

構築プロセスとの関係からすると，部分モジュール型は主導型のプロセスと強く関連し，完全モジュール型はどちらかというと協同型プロセスと強く関連するものと考えられる（**図表10-11**）。

## 5 サプライチェーンBSCの産業クラスターへの応用

### 5.1 産業集積のタイプと産業クラスター

以上，サプライチェーンBSCを，構築プロセスおよび形態から分類した。産業クラスターに対してBSCを適用しようとした場合，どのようなプロセスによって構築すべきか，そしてどのような形態のものを構築すべきか，ということを考えなければならない。そのためには，産業クラスターがどのような性質を持っているものなのかを明確にしておく必要がある。二神（2008）によれば，

第10章 メゾレベルのBSC：サプライチェーン・マネジメントとBSC　179

図表10-11■構築プロセスとBSCの形態の関係

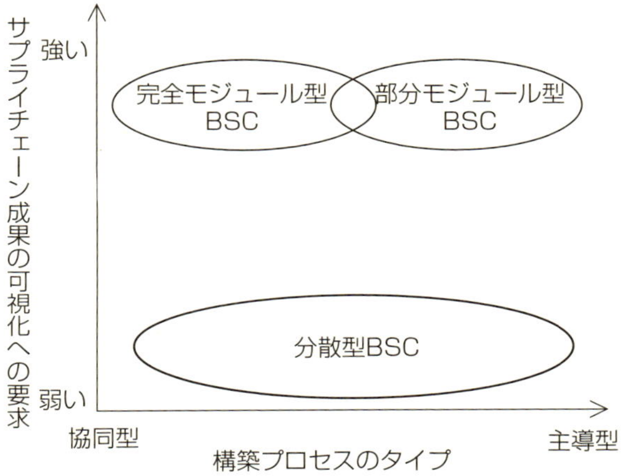

(出所：高橋，2011b，17頁)

　産業クラスターの展開の仕方は，多様であるという。たとえば，産業クラスターが主に零細企業から構成されているところもあれば，企業，大企業も含まれている場合もある。大学，研究機関をコアとする産業集積もある。コラボレーションがかなり進行しているところもあれば，そうではなく過当競争が展開されている地域もある。コア産業が比較的はっきりしており，そのウエートが高いところもあれば，コア産業が不鮮明である場合も多い。広域の産業集積もあれば，狭いものもある（二神，2008，17頁）。

　産業クラスターのタイプの分類には，Markusen（1996）の産業集積のパターンにかんする議論が参考になる。これをもとに，産業クラスターの性質について整理する。

　Markusen（1996）によれば，産業集積のタイプは次の4つに分類できるという。①Marshallの新産地（NID），②ハブ＆スポーク型産地，③サテライトプラットフォーム型（satellite industrial platform）産地，④国家主導型（state-centered）産地である（Markusen, 1996, p. 296）。①のタイプは，地域の中小企業が相互に連携しながら集積している状態である。②のタイプは，地域にコアになる企業が存在し，それをハブとして，スポーク状に地域内の中小企業や地域外の大企業や中小企業と連携している状態である。③のタイプは，地域の外

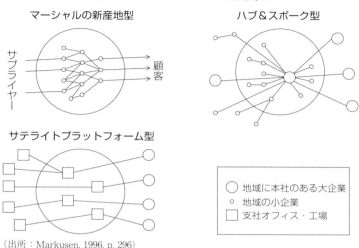

図表10-12 Markusenの産地分類
（出所：Markusen, 1996, p. 296）

に本社等がある複数の企業が，その地域にオフィスや工場のブランチを置き，そのブランチが連携している状態である。④は，国や自治体等の機関が主導して連携を形成している状態である。なお，Markusen（1996）では，日本における例としては，①のタイプは京浜工業地帯，②のタイプは豊田市，③のタイプは大分および熊本，④のタイプは筑波学園都市があげられている。①～③のタイプの構造は，**図表10-12**を見ると容易に理解できるであろう。

### 5.2 クラスターのタイプとサプライチェーンBSC

上記のような分類をもとに，クラスターのタイプとサプライチェーンBSCの適用について考えてみたい。

#### (1) Marshall型の場合

このタイプの場合，各企業が協同してBSCを構築していくことになる。したがって，形態としては分散型BSCとなる。BSCの構築においては分散型のプロセスを取ることになる。コアになる組織がない分，サプライチェーンBSCの構築には調整コストが多大にかかる可能性がある。BSCの完成度は，構築チーム

の整備とその手腕に依存することになるだろう。

### (2) ハブ&スポーク型の場合

このタイプの場合，コアになる企業が存在するため，構築のプロセスとしては主導型になる可能性が強い。形態としては，コア企業がサプライチェーンによる成果を明示したい場合はモジュール型であり，さほどその可視化を重視しない場合には分散型になるであろう。モジュール型にしても，Park et al. (2005) で示されたような，コア企業のBSCの視点の中に組み込む部分モジュール型の形をとる可能性が高い。

### (3) サテライトプラットフォーム型の場合

このタイプでは，参加企業の力関係にさほど強弱がない場合には，構築プロセスとしては協同型になるものと考えられる。形態としては，ブランチ同士の戦略を共有した形の完全モジュール型をとることができる。

### (4) 国家主導型の場合

国や自治体が主体となってクラスターを形成している場合，形成主体が戦略を設定することが考えられる。その場合には，主導型の構築プロセスをとることになるだろう。たとえば，前述の食料産業クラスターであれば，食料産業クラスター協議会が主導する形で構築が行われる。BSCの形態は，サプライチェーンによる成果をどの程度可視化したいのかに依存するものと考えられる。

## 6 第10章の結語

以上本章では，産業クラスターの戦略の遂行と成果の評価にBSCを導入するための構築の形態とそのプロセスについて考察を行った。地域的サプライチェーンという性格を持つ産業クラスターには，ここで取り上げたようなサプライチェーンBSCが適用できる。

サプライチェーンBSCの構築について，構築プロセスからの分類と形態から

の分類を行ったが，これらの分類は産業クラスターの集積の形態に適した形で適用するべきである。いずれのプロセスを取るにせよ，産業クラスター全体の戦略，個々のプロジェクトの戦略，そして各参加組織の戦略がコンフリクトを起こさない形でBSCを構築しなければならない。

　そこで，次章では，全体の戦略と個々の参加組織の戦略がスムースに連携し，クラスターの参加者が戦略を理解し共有するためにはどのようなツールが必要か，という観点から，BSCで作成される戦略マップについて検討する。特に，産業クラスターには戦略カスケードマップが有用であるということを検討する。

# 第11章

# 産業クラスターと戦略カスケードマップ

## 1 はじめに

　前章では，地域的サプライチェーンである産業クラスターに，どのような形でBSCを構築していくのか，ということについての概念とプロセスについて議論した。本章では，産業クラスターにおける戦略マップの構築について検討する。特に，組織間を繋ぐマップである戦略カスケードマップが産業クラスターにおいてどのように構築されうるのかを検討する。

　産業クラスターが成功に終わるか否かを分ける鍵の1つに，ビジョンや戦略の共有・理解があげられる。この共有・理解が行われていないと，事業展開の方向が定まらず，クラスターとしてのイノベーションを生み出すことはままならない。

　産業クラスターでは，企業，研究機関，推進・支援機関，自治体など，属性の異なる組織が重層的なネットワークを形成している。単一の組織体でもビジョンや戦略の共有・理解は難しいが，こういった状況では，それはなおさら難しい。

　ビジョンや戦略の共有・理解には，BSCで作成される戦略マップが有用である。戦略マップが作成されれば，どのようなロジックでビジョンが達成できるのかをネットワーク参加者に対して可視化することが可能になる。このために，産業クラスター全体の戦略マップを作成することは非常に有効であると考えら

れる。それと同時に，クラスターに参加している個々の組織についても戦略マップを作成し，全体の戦略マップとうまくリンクさせることができれば，それぞれの組織が全体のビジョン達成に具体的にどのように寄与することができるのかを可視化することができる。全体の戦略マップと個々の戦略マップをリンクさせるのに有用な考え方として，戦略カスケードマップ（Strategy Cascade Map）というものがある。

本章では，産業クラスターにおける戦略カスケードマップの適用可能性について考察する。そして，筆者が以前調査した熊本県食料産業クラスター協議会の米粉プロジェクトを題材として，どのような戦略カスケードマップが描けるのかを，仮想的に示す。

## 2　戦略マップと産業クラスター

### 2.1　戦略マップとは何か

戦略マップは，BSCにおける4つの視点の「縦の因果関係」を明示的に記述するものであり，Kaplan and Norton（2004）によって示されたものである。戦略マップによって，戦略の構成要素間の因果関係が可視化される。戦略マップを用いた場合，戦略を記述する上で，統一した一貫性のある方法がとられ，その結果として戦略目標と測定尺度を設定し管理することができるようになる。戦略マップは，戦略の策定と実行に欠けている連鎖をつなぐ働きをする（Kaplan and Norton, 2004, p. 9）。

Jones（2011）は，BSCと戦略マップの関係について次のように述べる。

> 「初期のバランス・スコアカードは戦略マップを用いておらず，そのためにオペレーションにより焦点が当てられていた。……バランス・スコアカードアプローチは，初期のヴァージョンから前進し，より現代的なアプローチでは，戦略の実現をより支援する。
> ……多くの業績マネジメントアプローチでは，業務業績の測定とモニタリングに集中している。対照的に，戦略マップに基づいたバランス・スコアカードは，戦略がいかにして組織の業績を改善するのかに集中する。」（Jones, 2011, p. 7）

この指摘にあるように，提唱された当初のBSCでは，スコアカードによる業績の測定という側面が強かった。戦略マップの考え方が登場するのと期を同じくして，BSCは，次第に戦略の実現を支援するためのツールという意味合いが強くなっていった。これは，BSCの発展を時系列的に述べたAbdel-Kader, Moufty and Laitinen（2011）でも指摘されている。

Jones（2011）は，測定そのものを偏重することに対して，次のように警鐘を鳴らす。

> 「戦略マップは業績を管理する方法を改善する基礎となる。このアプローチの重要な部分は，『測定することから始めるな』ということである。……測定マニアはすべての項目について執拗に測定尺度作り出すが，往々にして木を見て森を見ずといったような混乱した絵を描くという結果になる。……これは，経営管理者にターゲットの達成だけに関わらせてしまうという環境を作り出してしまう。これらはコンフリクトや混乱を引き起こすか，ないしは不適切なターゲットを満足させるような逆機能的行動を生み出してしまうことが多い。」（Jones, 2011, p. 10）

これは，BSCにおける横の因果律，つまり戦略目標，重要成功要因，業績測定指標における測定のみを重視することの危険性を指摘している。もちろんその因果律も重要であるが，組織のビジョンの達成のためには，縦の因果律，つまり視点間の因果関係にももっと目を向けるべきであるというのである。

このように，戦略マップは，BSCにおける測定への偏重を回避し，各視点の戦略目標間の関係を可視化し，ビジョンや戦略の実現のためのロードマップを提供するのである。

## 2.2 産業クラスターにおける戦略マップ

### (1) 産業クラスターにおける目標共有の重要性

産業クラスターが成功するか否か。その要因はさまざまである。その要因の1つとして，クラスターの事業目的の共有と理解があると考えられる。

たとえば，青森県で2003年～2009年に取り組まれた，「青森県りんご産業クラスター創造アクションプラン」がある。岩田・金藤（2012）は，「りんご産業クラスター事業は現在，地域に根ざした『ビジネス』として展開されていないのが現状である」と指摘する（岩田・金藤，2012，47頁）。そこで，岩田・金

藤（2012）は，このりんご産業クラスターの取組がどのような状態であり，また実際にどのような問題が発生していたのか，という点について，当時の事業関係者を対象にアンケート調査を実施している。その調査結果からは，計画時には多くの関係者が何らかの期待を持ってこの事業に参加したが，実行時にはその期待がなくなり，関係者自体のモチベーションが減ったこと，また，関係者の中には，何を行うべきかがわからない，つまり，全体の目的や，この目的を達成するための下位目的も定まらない状態であったことなどが明らかになったという（岩田・金藤，2012，47頁）。

筆者がここで重要だと考えるのは，後者の点である。クラスターの目的がわからず，事業展開の方向が定まらなかったということが，りんご産業クラスター事業が今1つビジネスとして展開されていない要因の大きな1つであると考えられる。

一方，筆者が調査した熊本県食料産業クラスター協議会は，比較的運営がうまくいっているクラスターである[1]。このクラスターは，「付加価値のある二次加工品を開発することで，県産の農産物の出荷量を増加させると同時に加工業者も潤う」という目標の下に，食品関係の企業によって自然発生的に形成したものである。このクラスターでは常に参加企業間でのフェイス・トゥ・フェイスのコミュニケーションが図られ，目標や「思い」を共有し，新商品の開発を行っている。

このクラスターの成功要因を挙げるとするならば，クラスターの目的や事業展開の方向に対する理解を共有していたことであろう。ただし，このような共有は，クラスターの規模がさほど大きくない場合には十分に行われていたが，規模が拡大すると，その共有は難しくなってくる可能性がある。

このように，産業クラスターを成功に導くためには，ビジョンや戦略の共有と理解が重要である。しかしながら，そのための公式的なツールは現在存在していない。熊本の食料産業クラスターも，非公式な「思い」の共有はできていたが，規模が大きくなると公式的な共有のためのツールが必要になってくるものと思われる。ここに，産業クラスターへのBSCや戦略マップの適用可能性がある。

## (2) クラスターの戦略マップとプロジェクトの戦略マップ

産業クラスターにおいて戦略マップを作成するとすればどのようなものになるのか。考えられるのは，産業クラスターそのものの戦略マップと，プロジェクト別の戦略マップである。

たとえば，熊本県食料産業クラスター協議会のケースでどのような戦略マップが描けるか考えてみる。このクラスターでは，「熊本県の農産物に付加価値を加えて売り出し，企業も潤っていく」ということを目標として，さまざまな二次加工品の開発と製造・販売に取り組んでいる。これまでの成果としては，繊月酒造を中心として開発された青紫蘇リキュール，熊本製粉を中心として開発された米粉などの商品化がある。

クラスターそのものの戦略マップとしては，先に挙げた目標をビジョンとしてそれを実現するためのマップが描ける。一方，クラスターによって取り組まれているプロジェクトごとに戦略マップを作成することも考えられる。米粉製造販売の戦略マップ，青紫蘇リキュール製造販売の戦略マップ，といったものである。

プロジェクト別に戦略マップを作成するとどうなるのか。熊本県食料産業クラスター協議会における米粉プロジェクトで仮想的に戦略マップを作成してみると，**図表11－1**のようになると考えられる。ここでは，ビジョンを米粉の販売増に伴う加工用米の増産による「食糧自給率の向上」とする。財務の視点は，戦略目標を収益性向上戦略の結果である「売上増」と，生産性向上戦略の結果である「高品質かつ低コストの実現」とした。米粉はまだまだ販売量も少なく，顧客への認知度も低い。そこで，顧客の視点の戦略目標に「消費者への認知・販路の開拓」をあげた。

そこにつながる内部プロセスの視点における戦略目標は，「米粉を使った新商品開発」をあげた。また，米粉はまだまだ小麦粉に比べると生産コストが高い。この点から，内部プロセスの視点の戦略目標として，「効率的な製造」と「高品質かつ安価な原料の確保」をあげている。

これらの内部プロセスの視点を下支えする人材と変革の視点では，効率的な製造につながる「米粉の製造方法の基礎研究」を，原料の確保につながる「米粉用米の開発」をあげた。

188　第Ⅲ部　管理会計対象の拡大：ミクロの管理会計からメゾの管理会計へ

**図表11-1　米粉プロジェクトの戦略マップ**

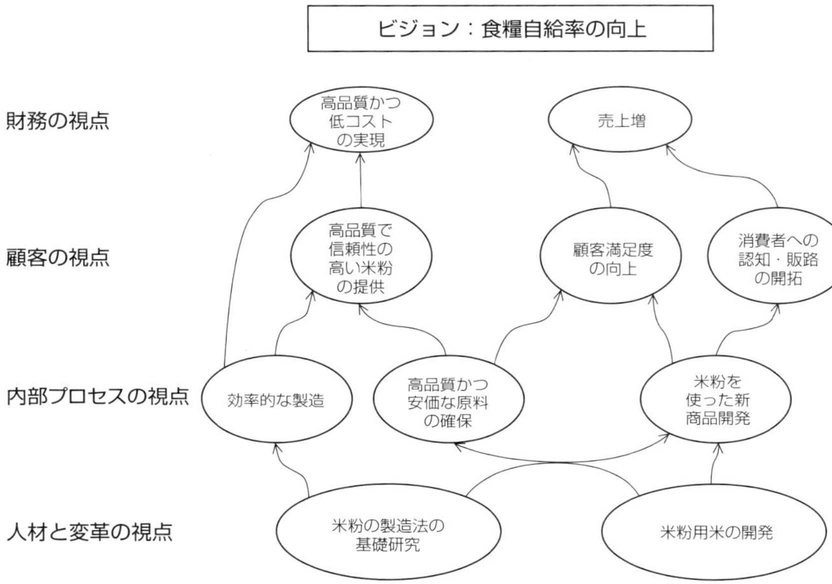

ビジョン：食糧自給率の向上

財務の視点：高品質かつ低コストの実現／売上増

顧客の視点：高品質で信頼性の高い米粉の提供／顧客満足度の向上／消費者への認知・販路の開拓

内部プロセスの視点：効率的な製造／高品質かつ安価な原料の確保／米粉を使った新商品開発

人材と変革の視点：米粉の製造法の基礎研究／米粉用米の開発

（出所：高橋，2012e，4頁）

## 2.3　クラスターの戦略マップと参加組織の役割

　クラスター全体で戦略マップを作成するにせよ，プロジェクト単位で戦略マップを作成するにせよ，産業クラスターにおいては，1つの組織体だけで戦略マップにおけるすべての視点をカバーすることはない。各視点において，さまざまな参加組織がそれぞれの役割を果たすことになる。

　たとえば，研究機関や支援団体，自治体などは，全体の戦略マップにおける人材と変革の視点や内部プロセスの視点において大きな役割を果たす。流通業者は顧客の視点で中心的な役割を果たすだろう。図表11-1に示された熊本県食料産業クラスター協議会のケースでは，中心になるのは米粉を製造販売している熊本製粉である。一方，農業研究機関は米粉用米の開発（人材と変革の視点）にかかわるであろうし，農家・農業法人は高品質かつ安価な原料の確保（内部プロセスの視点）にかかわるであろう。また，製麺業者や製菓業者は米粉

を使った新商品開発（内部プロセスの視点）にかかわってくる。製粉機械のメーカーは，高品質な米粉の製造（内部プロセスの視点）にかかわってくる[2]。

したがって，クラスター全体の戦略マップ，あるいはプロジェクトの戦略マップにおいて，複数の参加組織がどのように関係するのかを示すことが必要になる。それには，後述する戦略カスケードマップが有用である。

## 3　戦略マップのカスケード

### 3.1　戦略のカスケード

カスケード（cascade）とは，階段状に流れていく幾筋もの滝を表す言葉である。組織の文脈においては，組織目標を組織の下部単位にまで浸透させていくことを指す。

組織全体で作成される戦略マップやBSCは，下部組織にまでそれがカスケードされることになる。

Jones（2011）は，戦略マップをカスケードする理由として，次のように指摘する。

> 「カスケードの第1の役割は，戦略マップ全体の管理しやすい区分（pieces）を作り出すことにある。
> ……カスケードの第2の便益は，一チームあるいは一個人から全体の目標への視界の方向（黄金の糸とよばれることもある）を提供することである。」（Jones, 2011, p. 107）

伊藤（2007）によれば，このカスケードのタイプは，3つのパターンがあるという。第1は，事業部もしくは部門で作成した戦略マップとBSCはそのままで，尺度と戦略的実施項目を下位組織にカスケードするタイプである。第2に，事業部だけでなく，部や課などでも4つの視点からなるBSCを作成し，ボトムの個人には，尺度と戦略的実施項目がカスケードされるタイプである。第3は，ボトムの個人まで4つの視点のBSCを作成するタイプである（伊藤, 2007, 80頁）。

### 3.2 戦略カスケードマップ

　伊藤（2007）で指摘されているこれらのカスケードは，1つの組織体の中でいかに下部単位にまで目標を落とし込んでいくかということに焦点を当てたものである。

　Jones（2011）は，主要機能戦略マップと支援機能戦略マップの関係を示しているが，これは産業クラスターの戦略マップ作成に大いに参考になる。それは，**図表11－2**の通りである。

**図表11－2 ■戦略マップのカスケード**

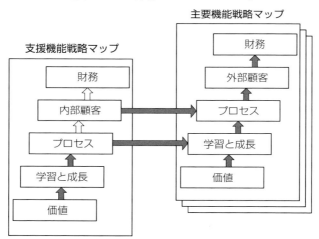

（出所：Jones, 2011, p. 118）

　図表11－2は，まさに「階段状に流れていく滝」を表している。支援部門においては，顧客は支援サービスを提供する主要部門である。支援サービスは，主要部門のプロセスのインプットとなる。ここでは，顧客を「内部顧客」と「外部顧客」とに分けて考えている。このように考えると，支援部門にとって主要部門は支援サービスを提供する内部顧客である。主要部門は支援サービスをプロセスの中に取り込んで，外部顧客に対する価値を創造する。したがって，支援部門の「内部顧客の視点」の戦略目標と，主要部門の「プロセスの視点」

の戦略目標とがリンクすることになる。

　それと同時に，支援部門における支援サービス創出のプロセスは，主要部門における「学習と成長の視点」に対して影響を与える場合がある。たとえば，支援部門がITサービスを提供するものであるとすれば，主要部門の従業員は，そのITサービスを理解し，利用できるように学習をしなければならない。

　カスケードを描写した戦略マップを，Jones（2011）は「戦略カスケードマップ（Strategy Cascade Map）」とよんでいる。

> 「戦略カスケードマップは戦略マップとはまったく異なる。戦略マップは単一のマネジメントチームに作成される。戦略カスケードマップは，組織のために作成され，個々の戦略マップがいかにともにフィットするかを示す。戦略カスケードマップは個々のチームから組織全体の目標へつながる視界の線を示す。」（Jones, 2011, p. 108）

　この引用における「個々のチーム」というのを「参加企業・団体」，「組織全体」を「クラスター全体」と読み替えると，このカスケードモデルが，産業クラスターにおけるBSCおよび戦略マップ作成に大いに参考になることがわかる。

## 4　産業クラスターと戦略カスケードマップ

### 4.1　戦略カスケードマップの全体像

　産業クラスターにおいて，クラスター全体，あるいはクラスターにおけるプロジェクトに対してBSCや戦略マップを作成した場合，クラスターのビジョンや戦略を，個々の参加者間で共有し，目を向けさせることが重要である。また，個々の参加者が果たすべき目標を実現可能な具体的な目標に落とし込むことが必要である。そのために，戦略カスケードマップが有効である。

　また，参加組織はそれぞれ独立した組織体である。それぞれに組織としての目標がある。その目標を，クラスター全体の目標との整合性を持たせながら達成するためには，カスケード化された戦略マップが有効である。

クラスターのようなネットワークが組まれ、その中にサプライチェーンが形成されている場合には、組織間でのモノ、サービス、技術、情報などの需給関係を考慮に入れたカスケードが必要である。これには、先のJones（2011）のモデルが大いに参考になる。

**図表11－3** ■産業クラスターにおける戦略カスケードマップの全体像

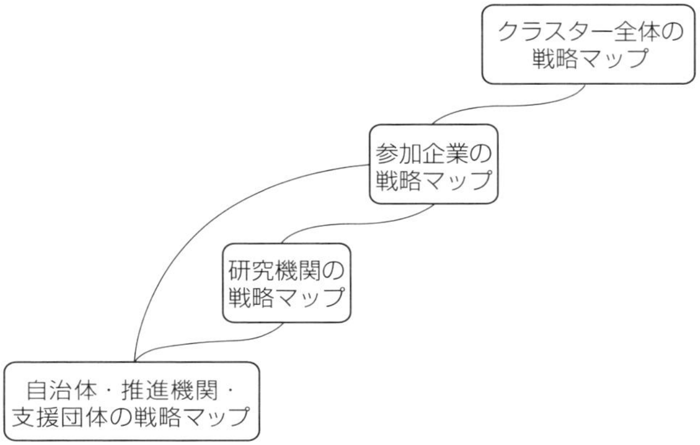

```
                              ┌──────────────┐
                              │クラスター全体の│
                              │  戦略マップ   │
                              └──────────────┘
                        ┌──────────────┐
                        │ 参加企業の   │
                        │  戦略マップ  │
                        └──────────────┘
                  ┌──────────────┐
                  │ 研究機関の   │
                  │  戦略マップ  │
                  └──────────────┘
   ┌────────────────────┐
   │自治体・推進機関・  │
   │支援団体の戦略マップ│
   └────────────────────┘
```

（出所：高橋, 2012e, 7頁）

**図表11－3**のように、サプライチェーンを描写する形で戦略カスケードマップを作成すると、まさに「棚のように流れる滝」のようなイメージになる。クラスター全体の戦略マップから、そのビジョンを達成するための戦略が参加企業の戦略マップのなかに取り込まれていく。そして、参加企業のビジョンを達成するための技術等の提供が、研究機関の戦略マップでの戦略目標となる。そして、それらを政策的・資金的に下支えするのが、自治体・推進機関や支援団体であり、それについての戦略マップが他の組織にリンクしてくるのである。

## 4.2 組織間における視点のリンクと戦略マップのカスケード

前節で大まかな見取り図を描くことができた。本節では、組織間における視点の関係性からカスケードマップがどのように描けるのかを検討する。

まず、クラスターにおいて、製品・商品の主たる生産を行う企業と、それに対して材料や部品、外注加工などを行うサプライヤーがいるということを想定

する。その場合，サプライヤーにとっての顧客は，クラスター内の参加企業（元請）である。サプライヤーの供給する材料や部品，外注加工などは，参加企業（元請）にとっては内部プロセスと関連がある。そのため，サプライヤーの顧客の視点（クラスター内顧客の視点）と，参加企業（元請）の内部プロセスの視点がリンクすることになる。元請の参加企業の内部プロセスにおける戦略目標，たとえば高品質で安価な材料を調達，といった目標は，サプライヤーにおける顧客の視点の戦略目標，たとえば高品質で安価な材料の提供，という目標とリンクすることになる。

また，サプライヤーの内部プロセスの視点において，提供する材料や部品，外注加工などを開発する上で，参加企業の製造上の技術と関連する可能性がある。元請が，サプライヤーの技術を知り，それを活かすための訓練等を行う場合が考えられる。この関係性は一方的なものではなく，双方向で影響し合う可能性がある。そう考えると，サプライヤーの内部プロセスの視点と，参加企業（元請）の人材と変革の視点にも，リンクがある場合が考えられる。すなわち，サプライヤーの技術開発における戦略目標が，元請の参加企業の人材と変革の視点における技術習得の戦略目標とリンクすると考えられる。このような関係を示したのが，図表11－4である。

**図表11－4 ■産業クラスターにおける戦略カスケードマップの関係性(1)**

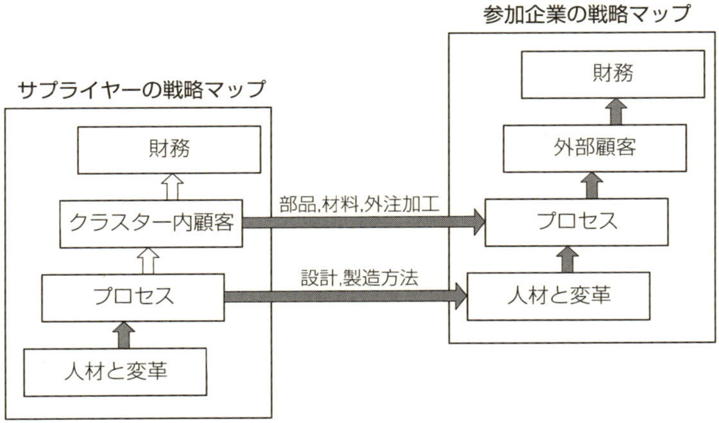

(出所：高橋，2012e，8頁)

次に，研究機関と参加企業の戦略マップにおける視点間の関係を見てみよう。

研究機関のアウトプット（製品開発，特許など）の提供先は，サプライヤーも含むクラスター参加企業である。したがって，この場合も，研究機関の顧客は，クラスター内の企業ということになる。これらの要素は，参加企業の内部プロセスに影響を与えるため，研究機関の顧客の視点の戦略目標と，参加企業のプロセスの視点の戦略目標とがリンクすることになる。

また，研究機関の内部プロセスで行われる基礎研究やその結果生じた新技術というものは，参加企業の従業員が理解・習得するべき技術に関係性がある。そのため，研究機関の内部プロセスの視点の戦略目標と，参加企業の人材と変革の視点の戦略目標とがリンクすると考えられる。その関係性を表したのが，**図表11－5**である。

**図表11－5 ■産業クラスターにおける戦略カスケードマップの関係性(2)**

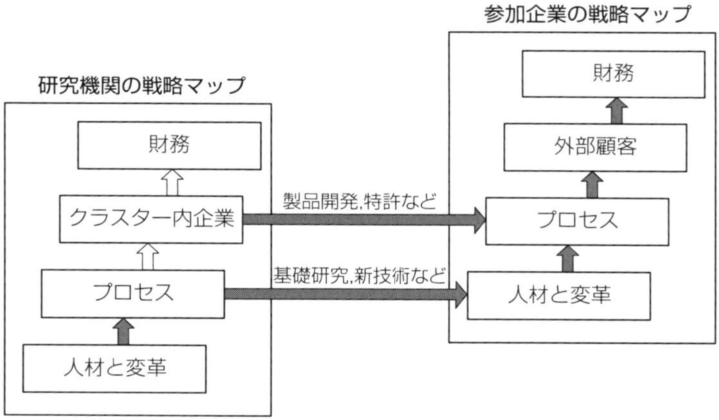

（出所：高橋, 2012e, 8頁）

次に，支援機関と参加企業の戦略マップ間の関係性を見てみよう。

支援機関が各参加企業の技能訓練，人材開発などの人材育成を支援している場合，それにかかわる支援機関の顧客（クラスター参加者）の視点の戦略目標と，各参加企業の人材と変革の視点の技能開発や人材開発にかかわる戦略目標とがリンクすることになる。これは他の参加組織と支援組織の間にもある関係性で

ある。この関係性を表したのが，**図表11－6**である。

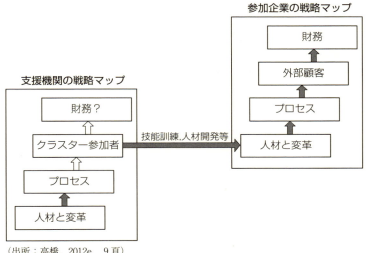

**図表11－6 ■産業クラスターにおける戦略カスケードマップの関係性(3)**

(出所：高橋, 2012e, 9頁)

## 4.3 視点間のリンクを考慮に入れた戦略カスケードマップの全体像

4.1 でクラスターにおける戦略カスケードマップの全体像について考察し，4.2 で各戦略マップの視点間のリンクについて考察した。本節では，その2つの考察をもとにして，視点間のリンクを表した戦略カスケードマップの全体像を描いてみる。

ここで，図表11－1で示した熊本県食料産業クラスター協議会の米粉プロジェクトにおける戦略カスケードマップを想定してみる。参加者は，原料の米粉用米の種苗の開発や農業指導を行う研究機関，米粉用米を生産・供給する農家・農業法人，米粉の製造に必要な機械設備を設計・製造する機械メーカー，米粉を開発・製造する開発企業，米粉を使った商品を製造・販売する製麺・製菓業者を想定する。それぞれの組織で戦略マップを作成していることを想定する。以上のような想定から作成される戦略カスケードマップは，**図表11－7**の通りである。これはクラスターにおけるサプライチェーンを表しており，財や

### 図表11-7 視点間のリンクを表した戦略カスケードマップの全体像の例

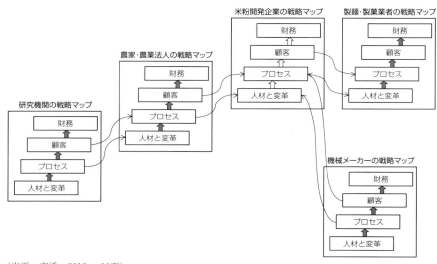

(出所:高橋,2012e,10頁)

　サービスの授受関係にある組織間は,顧客(クラスター内顧客)の視点と内部プロセスの視点,内部プロセスの視点と人材と変革の視点とがリンクしている。

　米粉のプロジェクトにおいて最終的な商品は,米粉そのものと,米粉を使用した麺やパン・菓子などの製品である。外部顧客へプロジェクトの製品を直接販売するのは,米粉の開発企業と製麺・製菓業者である。高品質の米粉の生産,新しい米粉使用の商品などの開発によって,売上増を図る。開発企業の顧客の視点と,製麺・製菓企業の内部プロセスの視点は,米粉の供給の関係でリンクしている。米粉プロジェクトの最終的な経済的効果は,主にこれらの組織の財務の視点に現れる。

　開発企業にとっては,内部プロセスとリンクするのは,原料である米粉を供給する農家・農業法人や米粉を製造する機械のメーカーである。米粉の開発企業の内部プロセスの視点では,安価で高品質な原料の調達という戦略目標があげられるが,これは同時に農家や農業法人の顧客の視点における安価で高品質の原料の提供という戦略目標とリンクする。

　また,研究機関は,顧客(農家・農業法人)に対して原料用米の種苗を提供

する。研究機関の顧客の視点の戦略目標と，農家・農業法人の内部プロセスの視点の戦略目標がリンクする。研究機関の研究プロセスにおける種苗の育成に関する研究が，農家・農業法人の人材と変革の視点とリンクすることも考えられる。

このような参加組織間における戦略目標のリンクを明確にすると，文字通り棚のように流れる滝，戦略マップのカスケードが描写される。戦略カスケードマップによって，各参加組織のビジョンを実現しつつ，クラスター全体のビジョンの実現に向けた各参加組織の果たすべき役割が明確化してくるのである。

## 5　第11章の結語

本章では産業クラスターにおける戦略カスケードマップの適用可能性について検討した。先にも述べたように，産業クラスターが軌道に乗るかどうかの鍵の1つは，参加者によるビジョンや戦略の共有と理解であると考えられる。それと同時に，全体の戦略の達成と，個々の参加者が達成すべき具体的な戦略との関係性を明確にする必要がある。その意味では，本章で検討した戦略カスケードマップは，全体の戦略と個々の参加者の戦略を結ぶものであり，産業クラスターの戦略遂行に大いに役立つものと考えられる。

以上で上げた効果の他に，産業クラスターで作成するBSCや戦略カスケードマップは，イノベーションの創出にも効果があると考えられる。次章では，産業クラスターにおいてイノベーションが創出されるメカニズムを「協働の窓モデル」によって解明し，BSCや戦略カスケードマップが「協働の窓」の開放にどのように役立つのか，ということについて検討する。

◆注
1　熊本県食料産業クラスター協議会の取組の詳細については，高橋（2012d）を参照されたい。
2　熊本県食料産業クラスター協議会における参加組織の役割の詳細については，高橋（2012d）を参照されたい。

# 第12章

# メゾ管理会計におけるイノベーション促進：
# 協働の窓とBSC

## 1 はじめに

　本章では，産業クラスターにおいてはどのようにイノベーションが起きるのか，というメカニズムを，戦略的協働のための協働の窓モデルの理論を援用して解明する。そして，イノベーション創出の出発点となる協働の窓の開放を促進するために，前章までで議論したBSCや戦略マップ，特に戦略カスケードマップが作用するのか，ということについて議論する。

　産業クラスターは，企業，大学・研究機関，自治体・政府など，異なるセクターに属する組織による協働である。協働の状態を分析するモデルとして，戦略的協働のための協働の窓モデルがある。

　戦略的協働とは，後藤（2009）によれば，「新しい社会価値の創造を目指したNPO，政府，企業間の協調的活動である」（後藤，2009，319頁）と定義される。より詳しくは，「NPO，政府，企業という3つの異なるセクターに属する組織が，単一もしくは2つのセクターの組織だけでは達成できない，社会的ニーズの効果的な充足および多元的な社会的価値の創造のために，協働して特定のプロジェクトを形成・実行するプロセス」（小島・平本，2009，156頁）と定義される。この戦略的協働を分析するための枠組みが協働の窓モデルである。

　冒頭でも述べたように，産業クラスターは，異なるセクターに属する組織によって構成されたネットワークである。企業，大学・研究機関，政府・自治体

などが重層的なネットワークを形成し，新しい価値を生み出そうとするものである。その意味では，産業クラスターの活動と戦略的協働とは，同一の枠組みではないが，ある種の相似性があるといってよいものと思われる。したがって，産業クラスターを分析するにあたっては，戦略的協働の分析モデルである協働の窓モデルを，そのままとはいわないがある程度は援用できる可能性がある。

そこで，本章では，産業クラスターを戦略的協働の1つと位置づけた上で，食料産業クラスターのケースを協働の窓によって分析することを試みる。そして，協働の窓を「開けておく」ためのツールとしてのBSCと戦略マップの可能性について検討する。

## 2　戦略的協働

### 2.1　戦略的協働とは何か

戦略的協働は，NPO，政府，企業という3つの異なるセクターに属する組織間において協働が行われている状態を指す。たとえば，平本（2009）が示した戦略的協働の例として，北海道NPOバンクがある。ここにおける継続的な参加者は，推進会議・サポーター，北海道庁，NPOバンク・バンク事業組合，北海道労働金庫，という異なる3つのセクター（NPO，地方自治体，金融機関）に属する4つである。さらに，一時的ではあるが重要な役割を果たした参加者としては，マスコミ，日本政策投資銀行，金融庁などがある。

### 2.2　戦略的協働の生成と存在の理由

戦略的協働の生成と存在の理由として，小島・平本（2009）は，①契約の失敗，②政府の失敗，③多元的な社会価値の創造の3つをあげている。

① 企業が，「契約の失敗」を克服し，効果的に市民に社会サービスを提供しようと試みる場合にNPOや政府との戦略的協働を展開する。

② 社会的サービスの提供者として限界があるという「政府の失敗」で生じた政府への批判から，政府の規制緩和，民営化，予算削減等などから，

NPOや企業が社会サービスを提供できる諸制度の制定につながっていく。この結果，NPO，企業，政府による協働が生成される。
③ NPO，政府，企業が参加者である協働は，民主主義国家において非常に重要とされる多元的な社会的価値を相応するために大きな役割を果たす。

以上のような理由で戦略的協働は生成し存在するのであるが，小島・平本(2009) は，この協働は決して万能薬ではなく，場合によっては協働による解決が別の問題を引き起こすことがあることを指摘している。

## 3　協働の窓モデル

### 3.1　協働の窓モデルとは何か

後藤 (2009) によると，協働の窓モデルは，**図表12-1**のとおりである[1]。

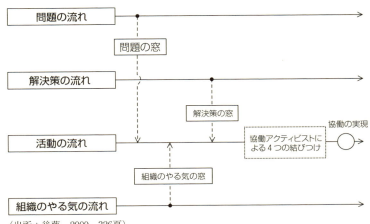

**図表12-1　協働の窓モデル**

(出所：後藤, 2009, 326頁)

協働の窓モデルは，非営利法人研究学会・東日本研究部会が，NPO，政府，企業間の戦略的協働を包括的かつ動態的に分析するため導出した理論的枠組み

である（後藤，2009，326頁）。後藤（2009）によれば，これはLober（1997）の協働形成モデル[2]や，知識創造モデル，改訂・政策の窓モデル等を参考に導出された枠組みであるという。

この枠組みは，次の5つのプロセスを分析射程とする枠組みである（後藤，2009）。

① 参加者の特定化と協働の場の設定
② 問題の認識・定義に基づくアジェンダの設定
③ 複数の多様な解決策の生成・特定化
④ 解決策の選択による正式な決定・正当化
⑤ 正式に決定・正当化された解決策の実行

後藤（2009）によれば，協働の窓モデルは，戦略的協働の解明に有効であると考えられる次の4つの特徴を持っているという。それは，①戦略協働が促進されるメカニズムの解明を可能にする，②偶然性とパターンを伴う戦略的協働の実現プロセスの理解を前進させる，③戦略的協働の分析において重要な要因がほとんどすべて考慮されている，④戦略的協働を能動的な知識創造のプロセスとして捉えている，という4つの特徴である（後藤，2009，328頁）。

### 3.2　協働の窓モデルの構成要素

協働の窓モデルは，9つの要素によって構成されている（後藤，2009）。それは，①参加者，②協働アクティビスト，③協働の場，④問題，⑤解決策，⑥活動，⑦組織のやる気，⑧協働の窓，⑨協働の実現，という要素である。以下後藤（2009）に基づいて各要素について説明する。

#### (1)　参加者

参加者とは，いかなる参加者が協働にかかわっているのか，いかなる参加者が協働に不可欠であるのか，である。

### (2) 協働アクティビスト

協働アクティビストとは，協働の形成と実行を促進する役割を担う人物である。後藤（2009）によれば，次の５つの役割を担うという。

---
① 他の参加者に問題や解決策を認識させる
② 協働が形成される上で必要な協働の窓の解放を促進する
③ 協働全体の活動を保証するなどの役割を担う
④ アジェンダ，諸解決策，活動状況，組織のやる気状況の４つを結びつける
⑤ 協働の場を設定する

---

### (3) 協働の場

協働の場は，次の４種類からなる。参加者の問題が認識・定義される場，解決策が生成・特定化される場，活動が展開される場，組織のやる気が発揮される場，である。

### (4) 問題

各参加者によって認識・定義される問題には，各参加者固有の問題と，複数の参加者が共通に認識している問題がある。この問題は，経済的状況・政治的状況・社会的状況などの外部環境の影響を受ける。この問題は，問題の窓が開くことによって活動の流れの中に流れ込んでいく。

### (5) 解決策

解決策は，協働の場において生成・特定化される。解決策は，解決策の流れの中に投げ込まれ，解決策の窓が開くことによって活動の流れの中に流れ込んでいく。

### (6) 活動

活動は，参加者が特定の問題を解決するために展開している活動や，必ずしも特定の問題を解決するために展開しているのではないが，結果として特定の問題の解決につながる活動である。

(7) 組織のやる気

　組織のやる気は，参加者が特定の問題を解決するために発揮するものである。組織のやる気は，組織のやる気の窓が開くことで活動の流れの中に入り浮遊する。

(8) 協働の窓

　協働の窓には，問題の窓，解決策の窓，組織のやる気の窓の3種類がある。多様な参加者によって3つの流れの中に投げ込まれた問題，解決策，組織のやる気は，これらの3種類の窓が開くことを契機に，開いている窓を通って，活動の流れの中に入り浮遊する。

(9) 協働の実現

　協働の実現は，参加者によって戦略的協働が実現されていることを指している。

## 3.3 協働の窓

(1) 協働の窓とは

　そもそも，協働の窓とはいったい何か。小島（2006）によると，協働の窓とは，「協働アクティビストが自らが得意とする解決策をおし進めたり，特定の問題を人々に注目させる好機」（小島，2006，22頁）を指すという。

　協働の窓には，問題の窓，解決の窓，組織のやる気の窓がある。これらの窓は相互に関連している。

　「問題が差し迫って窓が開く場合，問題に対する解として生み出された解決策が，組織のやる気と適合するようなものであれば，その解決策は，問題と組織のやる気とを結び付ける可能性を持つ。組織のやる気をそぐような解決策は，たとえ問題に対する論理的には完全な解決策であったとしても，採用されない。同様に，組織のやる気を高めるような出来事が窓を開く場合，参加者は，解決策が結び付くような問題を問題を探索する。組織のやる気を高めるような出来事が生起したことによって，その後，認識・定義された問題の処理に参加者がかかりきりになることもある。すなわち，組織のやる気の窓が開いたことを契機に，問題の流れの中へ非常に困難な問題が投げ込まれることがある。」（小島，2006，22-23頁）

また，小島（2006）によれば，協働の窓は，協働アクティビストを含む参加者の意識の中に存在するものであるという。窓は，予想通りに開くというものではなく，一般的にはまったく予期せず開くという。好機が訪れている，つまり窓が開いている時間は短い。そのため，窓を利用するためには，迅速な対応が必要であるという。特に，協働アクティビストは，問題，解決策，組織のやる気を能動的に結びつける必要があるという。

### (2) 窓がまれにしか開かない理由と窓が閉じる理由

小島（2006）は，窓がまれにしか開かない理由と窓が閉じる理由を次のように述べている。

窓がまれにしか開かない理由として，次の3つがあげられている。

① 特定の時期に検討される問題の数に限りがあること。
② 参加者の時間や処理能力には限界があること。
③ 参加者が1つの問題に集中すると他の問題は注目されなくなること。

窓が閉じる理由としては，次の5つがあげられる。

① 参加者が意思決定を通じて問題を片付けたと感じたときに窓は閉じる。
② 一度失敗すると再度試みる気持ちをなくす。
③ 窓を開けた出来事が去っていく。
④ 担当者の交代が窓を開けた場合，担当者が交代すると窓は閉じる。
⑤ 利用可能な解決策が存在しないために，窓は時々閉じる。

## 3.4 協働アクティビスト

戦略的協働で重要な役割を果たすのが，協働アクティビストである。

小島（2006）によれば，いかなる参加者も協働アクティビストになることが可能である。戦略的協働の場合には，NPOの成員，政治家，企業の成員，市民活動家，研究者，ジャーナリストであったりするという。協働アクティビス

トは，協働の場を主体的に設定する。

小島（2006）によれば，協働アクティビストは，一般に次の3つの場合に観察される。①特定の問題ないしアジェンダの重要性を認識させようとする場合，②新しい解決策を「解決が生成・特定化される場」の参加者になじませる「融和」を通じて，自らが得意とする解決策を推し進めようとする場合，③開いた協働の窓を認識し，問題の流れ，解決策の流れ，協働の流れ，組織のやる気の流れを活用して，問題，解決策，組織のやる気の3つを結びつけ，1つのパッケージを構成しようとする場合である（後藤，2009，18頁）。

この協働アクティビストに求められる資質として，後藤（2006）は，①人の言い分を聞く能力，②政治的関係作りと交渉術に優れていること，③粘り強さ，の3つをあげている（後藤，2009，18頁）。

## 4　協働の窓モデルの産業クラスター分析への援用

### 4.1　戦略的協働と産業クラスター

戦略的協働においては，政府のみで行うことができない社会的サービスを，企業やNPOと協働することによって提供可能な状態にもっていく。異なる属性のセクターの組織が協働して新しい価値を生み出そうとするものである。

「はじめに」でも述べたように，産業クラスターも属性の異なる組織が協働して新しい価値を生み出そうとするものである。企業，研究機関，政府・自治体などが協働してイノベーションの連鎖を起こし，新しい価値を創造するものである。自然発生的に生まれた産業クラスターでは，企業群のみで形成されるクラスター，企業と研究機関のタッグによるクラスターなども見受けられる。しかしながら，特に我が国における産業クラスターは，自然発生的に形成されるものよりも，政府・自治体の主導によって形成されるものが多い。たとえば，経済産業省の産業クラスター計画や，農林水産省の農商工連携政策などの政策による主導である。自治体が独自の支援策を打ち出している場合もある。そのような場合，政府・自治体の協働に果たす役割は大きい。このように，わが国

において形成されたクラスターは、属性の明らかに異なる組織の協働によるものが多い。

　企業だけではなしえない新しい価値の創造を、研究機関による技術提供、政府・自治体による各種の支援を協働して行う、という点では、産業クラスターと戦略的協働は非常に類似したものである。

### 4.2　協働の窓モデルと産業クラスター

#### (1)　産業クラスターにおける協働の窓

　産業クラスターにおける協働も、協働の窓モデルでの分析を援用することができると考えられる。協働の窓モデルにおける窓には、前述のように問題の窓、解決の窓、組織のやる気の窓、がある。産業クラスターにおける協働ではどのように窓が開く（閉じる）のだろうか。

　クラスターの活動における問題の窓は、商品開発・製造プロセスのイノベーションの発想の問題、技術的問題、資金的問題、販路確保の問題などによって開く可能性がある。クラスターによっては、この問題の窓すら開かないような状況のものもあるかもしれない。それに対する解決の窓は、イノベーションにつながる技術の開発と提供、支援政策による補助金・融資、販路の開拓などによって開いてくる。このような解決策は、クラスターに参加している構成員のやる気の窓を開けることによってさまざまなセクターから寄せられ、活用され、協働が前進していくことになる。その際には、クラスターのコーディネータが協働アクティビストの働きをすることになる。

　前述のように、この解決の窓が開き、解決策が提示されたとしても、それが組織のやる気を削ぐようなものであるとすると採用されない。組織のやる気の窓が開いていない状態である。たとえば、政府機関等からの補助金獲得が、商品開発において資金不足の解決策として認識されたとする。これが必ず組織のやる気の窓を開くというわけではない。いつのまにか補助金の獲得が解決策という「手段」ではなく、それそのものが「目的」となってしまうというケースがある。このような場合は、協働を前に進めるような組織のやる気の窓が開いていない状態であり、解決策が提示されても本来の効果が発揮できない状態になってしまうのである。

### (2) 協働アクティビストとしてのコーディネータ

協働の窓モデルにおいて重要な役割を果たすものとして，協働アクティビストがある。産業クラスターにおいては，コーディネータがこれに該当する。

コーディネータとはどのような役割を果たすものなのか。たとえば，食料産業クラスターのコーディネータは，勝野・藤科（2010）によれば，以下の①または②を行っている者，あるいは双方を行っている者と定義される（勝野・藤科，2010，2頁）。

> ① ある地域において，大学，公設試，食品製造業者，農林漁業者等，複数の関係者の連携を促し，地域資源（農産物，水産物等）を活用した新たな技術開発や商品開発，販売戦略といったプロジェクトを立ち上げ，事業化・ブランド化に向けて，関係者との調整を図りつつ，取組みを進めていく活動を行っている者
> ② これらの取組みを推進するための枠組み（協議会，研究会，プロジェクトチーム等）を形成し，地域ビジョンや地域振興政策等との関係も踏まえた，地域戦略構築を図ろうとしている者

コーディネータの大きな役割として，生産者や加工業者，各種研究機関をマッチングさせる，というものがある。このマッチングによって，イノベーションが促進され，付加価値の高い今までにない新しい商品やサービスが生み出されることになる。異なるセクターに属する参加者の協働の場を設定している，という点では，クラスターにおけるコーディネータは，協働アクティビストの役割を果たすものであると考えられる。

### 4.3 産業クラスターにおける協働の例

前述の熊本県食料産業クラスター協議会における米粉開発プロジェクトを例に，クラスターの活動において協働の窓がどのように開いていったのかを見てみよう。

熊本県食料産業クラスター協議会は，2006年2月に，熊本県工業連合会食品部会を母体として設立された。このクラスターの参加者は，農業生産者（コウ

ヤマ等），製造業者（熊本製粉，繊月酒造，丸美屋等），公設試験研究機関（熊本県産業技術センター等），中小企業連携組織支援機関（熊本県中小企業団体中央会），大学（熊本大学，崇城大学，尚絅大学，東海大学等）である。クラスターの運営にあたっては，食農連携推進事業や地域農工商連携促進事業等の支援も受けているので，協働のプレイヤーとして農林水産省もかかわっていることになる。このように，熊本県食料産業クラスター協議会の活動は，異なるセクターに属する組織の協働であることがわかる。

　米粉の開発は，熊本製粉を中心に行われた。熊本製粉では，クラスター参加以前から米粉の開発に取り組んでいたが，コストの問題からなかなか製品化が難しい状況であった。大きな問題として認識されたのは，原料米の問題と，加工技術の問題である。この意味では，クラスター参加以前（そして以後も）問題の窓は開いていたということができる。

　クラスターに参加し，米粉の開発を継続していたところ，原料コストの問題をクリアーする解決策が認識された。多収穫米の採用である。原料米の問題を克服する解決の窓が開いたのである。

　多収穫米の採用については，熊本製粉のみでは実現できず，クラスターに参加している九州沖縄農業研究センター，県下の農家や農業法人，それを指導する県内の農業関連機関などの協力によって実現できた。このような協働には，熊本製粉が社是としていた「地域に貢献せよ」という姿勢が，クラスターの「組織のやる気の窓」を開放し，この解決策の採用に至ったものと考えられる。クラスター協議会では，クラスターとしての各参加者の「思い」を全員で共有するために取り組みを行っていた。参加者同士の顔が見えるような施策，たとえばお互いの会社等を訪問し合ったり，問題点の話し合いなどを密に行っている。

　また，協議会の会長であった熊本製粉の川崎貞道氏の果たした役割も大きい。川崎氏が協働アクティビストとしてこの協働をまとめ上げたということができる。

## 5 窓の開放のツール・シナリオとしてのBSC

### 5.1 協働の窓をいかに開放するのか

前述のように，協働の窓は，そう簡単には開かないし，開いてもその時間は短い。いかに窓を開放するか，そして協働が動き出すまで解放させたままにしておくか，が課題であろう。

協働の窓の中では，問題の窓が比較的容易に開くものと思われる。しかしながら，協働の当事者は問題が発生しているということ自体に意外と気がつかない場合もある。本人たちが認識をしない限り，問題の窓は開かず，それに対する解決の窓も開かないということになる。

どういう状況で問題を問題として認識するのであろうか。1つのパターンとしては，協働が目指すゴールと実態に乖離が認識される場合である。逆にいうと，明確なゴール設定と，それにたどり着くまでの明確なシナリオがあれば，その乖離＝問題を認識することが可能になる。

組織のやる気の窓が開くためには，協働への参加者のコミュニケーションが密にとられている状況が必要である。また，参加者の活動が，協働全体のアウトカムにどのように貢献するのか，ということのルートマップやシナリオが明確になっていれば，組織のやる気の窓は開きやすくなるだろう。

また，前述のように，窓が解放している時間は短い場合が多い。窓が解放しているという少ないチャンスを協働に結びつけるためには，窓が解放したタイミングで解決策と組織のやる気がうまく連携できるようなシナリオやツールが必要になってくる。そのシナリオやツールとして利用可能性があるのが，BSCであると考える。BSCは，4つの視点から構成されている。BSCは，各視点における戦略目標，重要成功要因，業績評価指標とターゲット，アクション・プランにおける横の因果関係と，4つの視点間の縦の因果関係とからなる。BSCは，組織の戦略の理解と共有を促し，戦略の遂行と達成のためのロードマップを提供する。

また，BSCがシナリオやツールとして有効に作用するとすれば，BSCの存在

が協働の窓の開放を促進するということも考えられる。ある種のループが形成されることが考えられるのである。その関係は，**図表12－2**の通りである。

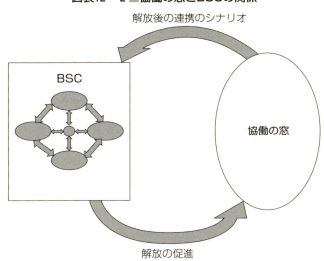

図表12－2 ■協働の窓とBSCの関係

（出所：高橋，2014b，24頁）

## 5.2　協働の窓の解放とBSC

### (1)　問題の窓とBSC

　前述のように，クラスターにおいて認識される問題は，商品・サービスのライフサイクルの各段階で現れる。新商品・サービスの開発段階，製造段階，販売段階である。うまくいっていないクラスターで認識される典型的な問題は，製造段階での技術的・コスト的問題が，販売段階では，消費者ニーズとの不一致，不適切な価格設定，などである。これらの問題は，プロジェクトの進行中に認識されるものもあれば，失敗が明らかになってから認識されるものもある。製造中に認識される技術的問題やコスト的問題は前者の例である。これは比較的認識されやすい問題である。後者の例としては，商品の販売価格が高すぎて結果的売れない，という状況がある。これは適切な時期に認識されず，プロ

ジェクトの失敗を招く重大な問題となり得るものである。

消費者ニーズの取込みや，適切な販売価格の設定は，BSCでいうと顧客の視点の問題である。顧客の視点での戦略目標と重要成功要因の設定および他の視点との因果関係に基づくリンケージがしっかり設定されていれば，プロジェクトの進行中に問題を認識できる可能性が高くなるものと思われる。

(2) 解決の窓の開放とBSC

問題が認識されると，それに対する解決策が提案される。解決の窓が開放される。BSCにおける顧客の視点や内部プロセスの視点の戦略目標や重要成功要因とそれらの縦の因果関係が明確になっていれば，解決策の提案が促進されると考えられる。

(3) 組織のやる気の窓の開放とBSC
① 組織間のコミュニケーション促進ツールとしてのBSCの役割

前述のように，協働の窓モデルによれば，せっかく理にかなった解決策が現れても，組織のやる気の窓が開いてそれを取り込まない限り，協働が前に進むことはない。筆者は，クラスターにおいて，組織のやる気を喚起し窓を開放するためには，BSCや戦略マップをクラスターで作成しておくこと，そして人材と変革の視点を整備しておくことが有効であると考える。

クラスターを単位としてBSCを作成することは，作成のプロセスおよび運用のプロセスにおいて，参加している組織間のコミュニケーションを円滑にすることができると予想される。

サプライチェーンを形成する複数の組織でのBSCの作成はどのようなプロセスを経るのか。第10章で検討したZimmerman（2002）は２社でBSCを作成するプロセスを紹介している。まず参加する組織の戦略目標を定義することから始める。共有ビジョン，ジョイント戦略目標を定義する。そして，戦略目標を定義し，選択し，文書化する。同じく，業績測定尺度を考察し，選択し，文書化する。つづいて，スコアカードのレイアウト等を決定していく。これを，両社の経営管理者や従業員からなるワークショップによって行う（Zimmerman, 2002, pp. 402-403）。このワークショップを通じて，サプライチェーンの参加者

間でのコミュニケーションが図られる。

このようなプロセスを経て完成したBSCを運用することで，参加者間で戦略の理解と共有が図られ，一層組織間のコミュニケーションが促進されていく。

このような，BSCを協働して作成し運用することによって促進される組織間のコミュニケーションが，組織のやる気の窓を開放する機会を作り得るものであると考えられる。

② 組織のやる気の窓の解放と「人材と変革の視点」

ニヴン（清水監訳）（2009）によると，人材と変革の視点には，人的資本，情報資本，組織資本という3つの資本が含まれているという。このうち，組織のやる気の窓を開放することに関連するのは，人的資本と組織資本である。

人的資本は，「従業員と戦略を整合させる」ことに重点が置かれる[3]。そこで設定される戦略目標は，(a)戦略上重要な分野においてスキルのギャップを小さくする，(b)成功のための人材育成，(c)採用，雇用維持，および後継者育成があげられる（ニヴン，清水監訳，2009，182-183頁）。(a)においては，現在のスタッフの人材育成と雇用意思，新しい人材の採用および後継者の育成が重要となる。(b)では，単なる「研修時間」を測るだけでは不十分で，行動の変化，活用されているスキルや知識を説明し，成果の向上につなげることが重要であるという。

組織資本では，「持続可能な将来の成長と変化の種を播く」ことが重視される[4]。ここでのカギは，組織文化である。組織文化の管理と変革のステップは，第1に，「維持しようあるいは創造しようと試みている組織文化を体現する人物を採用あるいは選択すること」であり，第2に「強力な社会化および研修のプログラムを通じて組織文化を管理すること」であるという（ニヴン，清水監訳，2009，187-189頁）。

先述のように，人的資本では「従業員と戦略を整合させる」ことに重点が置かれる。産業クラスターにおいては，「クラスター構成員（組織）と戦略を整合させる」ということになる。ここでいう戦略が，「イノベーション創出による地域経済の自律的活性化」であるとすれば，人的資本で重要なのは，イノベーションを生み出す人材の育成となる。

情報資本では，「情報と戦略を整合させる」ことに重点が置かれる。クラス

ターにおいてイノベーションを創出するためには、知識の共有や、新事業の情報の共有、企業間あるいは産官学間の連携が欠かせないが、そこには柔軟な情報システムを整備することが不可欠である。ネットワーク化を十分機能させるためのインフラとして情報資本が重要になってくる。

組織資本では、「持続可能な将来の成長と変化の種を播く」ことが重視される。クラスターにおいては、イノベーションを継続して創出しようとする文化づくりがこれにあたる。そのような文化づくりを推進しようとする人材の育成と、それを維持するための公式・非公式の管理というものが必要となる。人的資本が組織個々人の能力の問題であるとすれば、そこから醸成される組織文化の維持・管理が組織資本での重要な課題であるといえる。クラスターにおいては、大学や研究機関や人材・技術の集積により地域資源を充実させることが「将来の成長と変化の種を播く」ことにつながるであろうし、このような「種を播く」ためにさまざまな推進機関や政策との連携などが必要となってくる。

このように、クラスターのインフラ、特に組織インフラを充実させるには、BSCの活用が有用であり、人材と変革の視点をクラスターの実態に即して構築することが重要である。

協働の参加者（クラスターの参加者）が、自らの積極的な参加が協働に対してどのような貢献を果たすのか、ということについてのシナリオやロードマップがBSCや戦略マップによって示すことができれば、解決の窓の開放によって示された解決策に対しても、やる気を持って取り組める状態になる。

(4) 「解決策と組織のやる気の結びつき」とBSCにおける視点間の因果連鎖

人材と変革の視点と、内部プロセスの視点は、それぞれの要素が縦の因果関係で結ばれている。たとえば、人材と変革の視点における「従業員を訓練する」という重要成功要因は、内部プロセスの視点の「生産性を上げる」という重要成功要因と因果関係で結ばれている。この関係は、相互からWhy？とHow to？の観点から検証される。なぜ（Why?）「従業員を訓練する」必要があるのかというと、「生産性を上げる」ためである。逆に、どうすれば（How to?）「生産性を上げる」ことができるのかといえば、「従業員を訓練する」ことになる。このように、よく設計されたBSCにおける2つの視点は密接な縦の因果関

係の下にある。

　この縦の因果関係（連鎖）があることで，解決の窓の解放で示された解決策が，組織のやる気の窓の開放によって，組織のやる気と結びつくことに大きな役割を果たすことになると考えられる。すなわち，その結びつきのためのインターフェースとしてBSCが作用することになる。その関係性を示したのが，**図表12－3**である。

**図表12－3 ■BSCを通じた解決策と組織のやる気の結びつき**

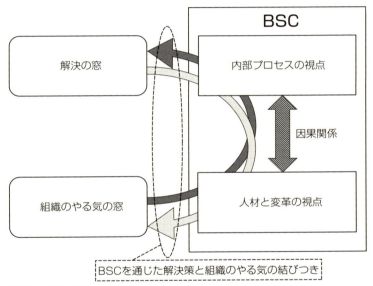

（出所：高橋，2014b，27頁）

## 5.3　協働の窓の開放と戦略カスケードマップ

　前述のように，それぞれの協働の窓は開放している時間も短く，また開放のタイミングが合う保証もない。戦略的協働を実現するためには，窓の開放を促進しその開放を同期させる必要がある。戦略マップは，組織のやる気の窓の開放と解決策の窓の開放を同期させるロードマップとなる可能性がある。ここでは，戦略マップがカスケードの状態となっている場合，どのようにして戦略カ

スケードマップが協働の窓の開放とその同期を促しうるのかを検討する。

　第11章で述べたように，産業クラスターにおける戦略カスケードマップでは，参加組織の間で各視点がリンクしている。ここでは，自治体や研究機関などの支援組織と，製品を製造・販売する参加企業との間での戦略カスケードマップの窓の開放に対する効果について考えてみる。

　たとえば，新しい商品化・製品化に対して技術上の問題が認識され，問題の窓が開放されると，続いて組織のやる気の窓が開放される必要がある。支援組織のBSCおよび戦略マップにおいて，人材と変革の視点における人的資本が充実し，組織風土が自律的なものに醸成されていれば，組織のやる気の窓が開放される。それと同時に，参加企業のBSCおよび戦略マップにおいて同様のことが起こる。支援組織の内部プロセスの視点において，基礎研究やインフラ整備が行われると，参加企業の人材と変革の視点の人的資本の充実に影響を与え，ここでも組織のやる気の窓の開放を促すことになる。したがって，支援組織で開放された組織のやる気の窓の影響が，参加企業の人材と変革の視点へ及ぶ。つまり，最終的なアウトプット（イノベーション）を生み出す参加企業にとっては，二方向から組織のやる気の窓の開放が行われる。この組織のやる気の窓の開放が，各戦略マップの縦の因果関係を通じて，解決策の窓を開放することを促進する。

　組織のやる気の窓の開放によって刺激を受けた支援組織の顧客の視点，すなわちクラスター内企業の視点で，研究開発の成果があがると，参加企業の内部プロセスの視点で，その成果をもとに新たな商品化・製品化が行われる。問題の窓の開放によって顕在化していた参加企業の商品化・製品化に必要な技術上の課題に対する解決策の窓が開放されることになる。支援組織の戦略マップにおけるクラスター内企業の視点において，解決策の窓が開放され，それがリンクしている参加企業の戦略マップにおける内部プロセスの視点に作用し，商品化・製品化の実現につながっている。ここに，支援組織と参加企業の間で戦略的協働が実現したことになる。

　この関係を示したのが，**図表12－4**である。人材と変革の視点において人的資本の充実を図ることで組織のやる気の窓の開放を促す。その開放に刺激を受けたその上位の視点の，他の組織の戦略マップの視点との間のリンクによって

解決策の窓が開放される。その結果，戦略的協働が実現し，イノベーションが創出されることになる。

**図表12－4 ■戦略カスケードマップと協働の窓の開放**

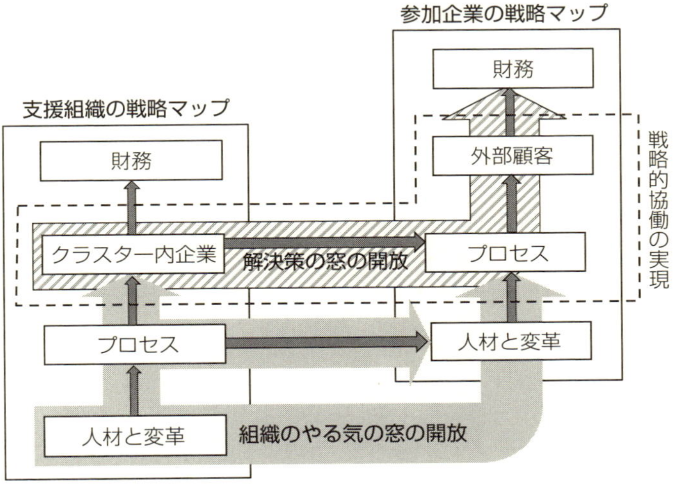

(出所：高橋, 2018, 105頁)

## 6　第12章の結語

　本章では，産業クラスターを戦略的協働の1つと位置づけ，戦略的協働を分析するモデルである協働の窓モデルの産業クラスター分析への適用可能性を探った。そして，協働の窓の解放などに対するBSCおよび戦略マップの活用の可能性を論じた。一連の協働の窓の開放は，戦略カスケードマップを作成することによって促進されるものであると考えられる。これにより，協働を行う産業クラスターでは，新たなイノベーションを創出する契機となることが考えられる。

◆注
1 引用した後藤（2009）の図は，小島（2006）をもとに簡略化して描かれている。
2 Lober（1997）の協働形成モデルは，問題の流れ，政策の流れ，組織の流れ，社会的・政治的・経済的流れ，協働の窓，協働起業家の6つの要素から構成されている。4つの流れが，時間の経過とともに一転に集中した場合に協働の窓が開くとされている。その概念図は次のようなものである。

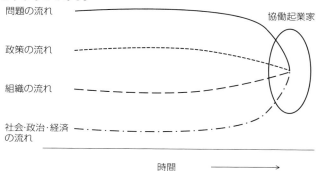

（出所：Lober, 1997, p. 8）

3 人的資本における業績尺度は次のようなものであるという（ニヴン，清水監訳，2009，227-229頁）。
・スキル開発のためにコアコンピタンスを活用する
・コンピタンス保有者を増やすために個人能力プランを使う
・従業員の研修を測定する
・従業員の生産性
4 組織資本における業績尺度としては，次のようなものがあげられている（ニヴン，清水監訳，2009，231-233頁）。
・従業員満足度
・戦略との整合性
・健康的なライフスタイルの奨励

# 終章

# 新たな管理会計の構築を目指して

## 1　はじめに

　本書では，第Ⅰ部で主にキャパシティ・コストの問題を，第Ⅱ部では会計システムとしての財管一致の会計システムの問題を，そして第Ⅲ部では地域的サプライチェーンである産業クラスターへの管理会計技法の応用について議論した。本書を締めくくるにあたり，それぞれのパートがどのような関係を持ち，ここまでの議論がこれからの管理会計，特にメゾレベルの管理会計の構築にどのような知見を与えることができるのか，ということについて仮説的に示したい。そして，来る2020年代の管理会計の課題はいかなるものか，ということを述べて，本書を締めくくりたい。

## 2　ネットワークによる集積とキャパシティの有効活用

　第9章でも若干述べたように，産業クラスターのような地域的な連携を行うことで，アイドルキャパシティの有効活用が行われる可能性がある。これには2つの側面があると考えられる。
　第1に，連携によるイノベーションの創出によって，個々の企業の努力では市場性のないアイドル・キャパシティであったものが，市場性のあるアイド

ル・キャパシティと転化する可能性がある。さらに，販売を担うプレイヤーがクラスターに参加することで，商品化されたものの需要や販路が開拓されると，転化した市場性のあるアイドル・キャパシティは，製品・サービスの産出に利用されることになる（**図表終－1**）。

**図表終－1 ■連携によるアイドル・キャパシティの有効活用**

```
[市場性のない        ] → [市場性のあるアイドル・] → [製品・サービスの産出]
[アイドル・キャパシティ]    [キャパシティ        ]
            ↑                        ↑
      [連携による]              [連携による
       イノベーション]            需要と販路の
                                 掘り起こし]
```

（出所：筆者作成）

　このような連携によるイノベーションは第12章で述べたような協働の窓の開放によって促進される可能性がある。図表12－4のような戦略カスケードマップによって，協働の窓が開放され，連携による協働のイノベーションが生じると，図表終－1に現れるようなアイドル・キャパシティの転化が起こってくるのである。
　第2に，個々の企業レベルでは規模の問題から市場性のないアイドル・キャパシティであったものが，集積し連携することによって1つのキャパシティとなり，ある程度の規模の需要に応えうるキャパシティとなり，市場性を帯びるという可能性である。第9章で紹介した東大阪市の産業集積の仲間型取引ネットワークはこれに近い（**図表終－2**）。
　このように，産業クラスターのような地域的サプライチェーンでは，集積によるキャパシティの問題が生じるが，本書第Ⅰ部でみたキャパシティ・モデルを応用することで，集積地ならではのキャパシティの有効活用の方向性が見いだせるようになる。

**図表終-2 ■集積によるアイドル・キャパシティの転化**

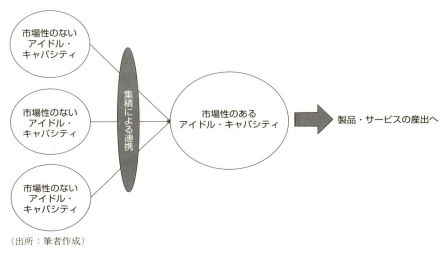

(出所：筆者作成)

## 3　財管一致と地域的サプライチェーンの効果測定

　財管一致の会計システムが地域的ネットワークの形成と協働に与える影響を考える。

　第9章でも指摘したように，産業クラスター政策の問題点として，経済的効果の測定が難しく，その測定がなされていないことが参加者のモチベーションを下げる一因となっている。確かに産業クラスターでは定量化できない効果もあり，経済的効果を測定することは難しい。しかしながら，会計的な測定を行うことである程度の経済的効果を測定することは可能である。

　産業クラスターのような地域的サプライチェーンの経済的効果とは何か？ 1つの見方としては，個々の組織が連携し，イノベーションを創出し，その商品化と販売のためにそれぞれの持つ経営資源を最適配分した結果得られた利益の合計である，ということができる。単純に考えれば，財務会計上示された参加企業の最終的な利益額を，域内取引の調整をした上で加算していけばよいこ

とになる。ただし，そもそも資源の最適配分の結果が財務会計上の利益に反映されている保証はない。各参加企業が財管一致の状態にあれば，域内取引の利益を相殺するなどの調整をした上で財務会計上の利益を合計することで，連携した経営資源の最適配分の結果を表した経済効果を測定することができるようになる（**図表終－3**）。ただし，これは経済効果の一端であって，企業・研究機関の誘致や雇用の創出等が及ぼす効果の全体を表すものではないことはいうまでもない。しかしながら，全体利益の，企業の資源利用を表す変数としての精度は一層高まるのである。

**図表終－3 ■地域的サプライチェーンにおける経済的効果の測定**

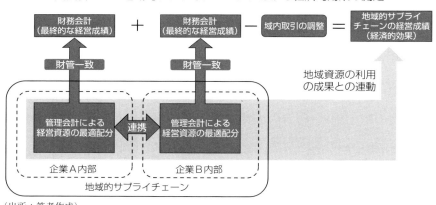

（出所：筆者作成）

また，第9章では産業クラスターの経済的効果の測定にBSCが利用可能であるとしたが，財管一致の状態にある場合は，一層この効果が期待できる。BSCにおける人材と変革の視点，内部プロセスの視点，そして顧客の視点（の一部）は管理会計の領域にある部分であり，財務の視点は財務会計上の利益や利益率を示すからである。財務の視点とその他の3つの視点がスムーズに連携するためには，財管一致の会計システムの構築が不可欠であろう（**図表終－4**）。顧客の視点，内部プロセスの視点，人材と変革の視点における収益性増大戦略と生産性向上戦略の達成のためには，管理会計による資源配分が必要である。その成果が財務会計の数値で表される財務の視点での成果に結びついている必

要がある。言い換えると，人材と変革の視点，内部プロセスの視点，顧客の視点で行われた資源配分活動の成果が財務的な成果に結びつく，というBSCにおける視点間の因果関係を担保するには，会計システムが財管一致の状態でなければならない。BSCの初期の議論において，Nørreklit（2000）はBSCにおける因果関係の仮定を批判し，特に非財務指標間の関係を因果関係として考える代わりに，指標間の一貫性を確立することを主張した。財管一致の会計システムの構築は，この指標間の一貫制の確立に非常に有用であると考えられる。第6章の図表6－4の考え方が，この一貫性の確立に役立つものと考えられる。

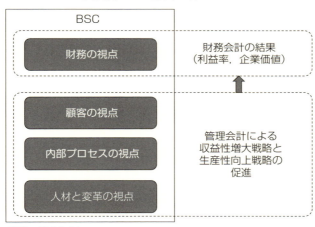

図表終－4 ■財管一致とBSC

（出所：筆者作成）

## 4　本書の結び：2020年代以降の管理会計

　以上本書では，伝統的な管理会計上の課題（キャパシティ・コストの問題），そして現在の管理会計の課題（財管一致の会計システム），そして現在から未来に向けた管理会計の問題（メゾレベルの管理会計）について検討してきた。本書を締めくくるに当たり，これからの管理会計の課題を述べたい。

1つの大きな論点は，人口減少社会における管理会計のあり方である。わが国は，少子高齢化の進行による人口減少社会を迎えている。2010年頃よりゆっくりと人口減少が進んでいる。総務省統計局（2019）の調査では，2018年12月の段階で，総人口は1億2,643万5千人で，前年同月に比べ26万人（0.21％）の減少，15歳未満の人口は同じく17万7千人（1.13％）の減少，15〜64歳人口は48万人（0.63％）の減少，そして65歳以上人口は39万6千人（1.13％）の増加，となっている。

　深刻なのは，生産年齢人口とよばれる15〜64歳のゾーンの減少である。内閣府の調査によると，そのピークは1997年の8,697万人であったが，その後緩やかに減少しており，2017年は7,604万人となっている。この減少トレンドは今後も続くことが見込まれており，2030年には6,875万人，2040年には5,978万人，そして2050年には5,275万人となることが予想されているという。

　このような生産年齢人口の減少は，深刻な人手不足を招いている。厚生労働省（2018）の調査によると，人手不足を感じている業種は，「運輸・郵便」で63％，「その他サービス」で49％，「医療・福祉」で48％，「宿泊・飲食サービス」で36％、「建設」で61％等となっている。

　近年，「AI（人工知能）に仕事を奪われる職業」などという記事がマスコミを賑わせることがある。野村総合研究所の2015年のニュースリリースによれば，日本の労働人口の49％が人工知能やロボット等で代替可能になるという。これらの記事について，「人の仕事がAIに奪われるのではないか」ととる向きもあるだろう。そうではなく，労働人口が減少し人手が足りなくなるため，AIやロボットで足りない分を代替していかなければならない，ととるべきである。たとえば，「奪われる職業」の1つに経理業務があげられている。会計には，記録・測定・解釈という3つの要素がある。人手不足の状況で，この3つの要素を人間がすべて行うということは不可能になってくる。人間の感性が必要な測定の一部と解釈については人力で行い，その他の要素はAIに任せてしまう，ということが必要になってくる。

　従来の管理会計では，省力化や省人化のためのコスト・マネジメントに取り組んできた。それは，固定費をいかに減らすか，ということに焦点が当てられてきた。人件費の削減をねらったリストラなどはこの最たるものである。しか

しながら，人口減少社会においては，労働力は能動的に削減するものではなく，自然に減少していくものとなっていくのである。

このような状況下では，省力化によってコストを減らす，という発想ではなく，少ない人的資源をいかに効率よく活用して最大のアウトプット・アウトカムを引き出すのか，ということが焦点になるであろう。そのためには，今までにないツールを開発していく必要もあるが，これまでに開発されてきた手法を，視点を変え，必要があれば改造して用いるということも必要であろう。たとえば，1990年代に，リストラ・リエンジニアリングの手法として学界で脚光を浴びたABM（Activity-Based Management）の活用方法を再検討することは価値があると思われる。特に，広い意味でのサービス業での人手不足は深刻であるため，人の活動を分析し，最大のアウトプットを産出するための付加価値活動分析などは，その有効性が大いに期待できると思われる。

また，人口減少社会では，本書第Ⅲ部でも取り上げた集積というものの必要性が一層高まってくるであろう。本書第Ⅲ部では試論的に取り上げた地域的ネットワーク組織の管理会計ツールの実装化を考えなければならない。

人口減少社会において企業経営に役立つ管理会計とはどのようなものになるのか？　新しい時代を迎えて，われわれは再び「管理会計の再構築」に迫られているのである。

## 【参考文献】

<英文文献>

AAA (1959), "Report of Committee on Management Accounting," *The Accounting Review*, Vol. 34, No. 2 , pp. 207-214.

Abdel-Kader, M., S. Moufty and E. K. Laitinen (2011), "Balanced Scorecard Development : A Review of Literature and Directions for Furture Research," in M. Abdel-Kader ed., *Review of Management Accounting Research*, Hampshire: Palgrave Macmillan, pp. 214-239.

Adum, O. S. (2015) "The Development of Cost and Management Accounting: A Historical Perspective" *European Journal of Humanities and Social Sciences*, Vol. 34, No. 1, pp. 1884-1899.

Anthony, R. N. and V. Govindarajan (2007), *Management Control Systems*, 12th ed., N. Y. : McGraw-Hill.

Aranoff, G. (2011), "Idle-Capacity Costs in ABC Absorption and Direct-Costing Income Statements," *Cost Management*, March/April, pp. 6-10.

Beyer, R. (1963), *Profitability Accounting for Planning and Control*, N. Y. : The Ronald Press Co.

Bhagwat, R, and M. K. Sharma (2007), "Performance Measurement of Supply Chain Management: A Balanced Scorecard Approach," *Computers and Industrial Engineering*, Vol. 53, No. 1, pp. 43-62.

Bierman, H. Jr. and T. R. Dyckman (1971), *Managerial Cost Accounting*, N. Y. : The Macmillan Co., pp. 165-166.

Blocker, J. G. (1948), *Cost Accounting*, N. Y. : McGraw-Hill, 2nd ed.

Choudhury, N. (1990), "Is Cost Allocation Just?" *Management Accounting Research*, Vol. 1, No. 3, pp. 217-232.

Clark, C. L. (1947), "Fixed Charges in Inventories," *NACA Bulletin*, Vol. 28, No. 16, pp. 1006-17.

Clark, J. M. (1923), *Studies in the Economics of Overhead Costs*, Chicago: University of Chicago Press.

Comittee on Cost Concepts and Standards (1956), "Tentative Statement of Cost Concepts Underlying Report for Management Purpose," *The Accounting Review*, Vol. 31, No. 2, pp. 182-193.

Comittee to Prepare a Statement of Basic Accounting Theory (1966), *A Statement of Basic Accounting Theory*, Illinois: American Accounting Association. (飯野利夫訳 (1969)『基礎的会計理論』国元書房)

Cooper, R. (1989), "The Rise of Activity-Based Costing-Part Four: What Do Activity-Based Cost Systems Look Like?" *Journal of Cost Management*, Vol. 3, No.1, pp. 38-49.

Cooper, R. and R. S. Kaplan (1992), "Activity-Based Systems: Measuring the Costs of Resource Usage," *Accounting Horizons*, Vol. 6, No. 3, pp. 1-13.

Copeland, B. R. and N. G. Sullivan (1977), *Cost Accounting: Accumulation, Analysis and Control*, St. Paul: West Publishing Co.

Dickey, R. I. edited (1960), *Accountants' Cost Handbook*, N. Y. : Ronald Press Co., 2nd ed..

Foster, B. F. and S. J. Baxendale (2008), "The Absorption vs. Direct Costing Debate," *Cost Management*, Vol. 23, No. 6, pp. 40-48.

Fremgen, J. M. (1966), *Managerial Cost Analysis*, Illinois: Irwin Inc.

Gardner, F. V. (1940), *Variable Budget Control*, N. Y.: McGraw-Hill.

Garrison, R. H., E. W. Noreen and P. C. Brewer (2008), *Managerial Accounting*, Boston: McGraw-Hill Irwin, 12th ed.

Goldratt, E. M. and J. Cox (1984), *The Goal, A Process of Ongoing Improvement*, MA: North River Press.

Goldratt, E. M. and R. E. Fox (1986), *The Race*, MA: North River Press.

Goldratt, E. M. (1990), *The Hystack Syndrome: Sifting Information Out of The Data Ocean*, MA: North River Press.

Harris, J. N. (1936), "What Did We Earn Last Month?," *NACA Bulletin*, Vol. 17, No. 10, pp. 501-27.

Harris, J. N. (1946), "The Case Against Administrative Expenses in Inventories," *The Journal of Accountancy*, Vol. 82, No. 1, pp. 32-6.

Harris, J. N. (1948), "Direct Costs as an Aid to Sales Management," *The Controller*, Vol. 30, No. 8, pp. 499-502, 524, 528, 530.

Hayes, R. H. and S. C. Wheelwright (1984), *Restoring our Competitive Edge: Competing Through Manufacturing*, N. Y : John Wiley & Sons, Inc.

Hiromoto, T. (1988), "Another Hidden Edge-Japanese Management Accounting," *Harvard Business Review*, Vol. 66, No. 4, pp. 22- 26.

Horngren, C. T. (1965), *Accounting for Management Control: An Introduction*, N. J. : Prentice-Hall, Inc.

Horngren, C. T. (1967), *Cost Accounting: A Managerial Emphasis*, N. J. : Prentice-Hall, Inc., 2nd ed.

Horngren, C. T. and G. Foster (1987), *Cost Accounting: A Managerial Emphasis*, N. J. : Prentice Hall, 6th ed.

Horngren, C. T., S. M. Datar and M. Rajan (2012), *Cost Accounting: A Managerial Emphasis, 14th ed.*, N. J. : Prentice-Hall.

Horngren, C. T., G. L. Sundem, D. Burgstahler and J. Schatzberg (2014), *Introduction to Management Accounting, 15th ed.*, N. J. : Prentice-Hall.

Houseman, S. (2007), "Outsourcing, Offshoring and Productivity Measurement in United States Manufacturing," *International Labour Review*, Vol. 146, No. 1-2 , pp. 61-80.

Jerez, F. A. M., R. S. Kaplan and K. Miller (2009), "Infosys's Relationship Scorecard: Measuring Transformational Partnership," Harvard Business School Case (9-109-006).

Johnson, H. T. and Kaplan, R. S. (1987), *Relevance Lost: The Rise and Fall of Management Accounting*, Boston: Harverd Business School Press.（鳥居宏史訳（1992）『レレバンス ロスト：管理会計の盛衰』白桃書房）

Jones, R. K. (1957), "Why Not Capacity Costing?," *NAA Bulletin*, Vol. 39. No. 3, pp. 13-21.

Jones, P. (2011), *Strategy Mapping for Learning Organizations: Building Agility into Your Balanced Scorecard*, Farnham: Gower.

Jordan, J. P. and G. L. Harris (1925), *Cost Accounting: Principles and Practice*, N. Y. : The Ronalkd Press Co., 2nd ed.

Kaplan, R. S. and D. P. Norton (1996), "Linking the Balanced Scorecard to Strategy," California *Management Review*, Vol. 39, No. 1, pp. 53-79.

Kaplan, R. S. and D. P. Norton (2001), "Transforming the Balanced Scorecard from Performance Measurement to Strategic Management: Part I," *Accounting Horizons*, Vol. 15, No. 1, pp. 87-104.

Kaplan, R. S. and D. P. Norton (2004), *Strategy Maps: Converting Intangible Assets into Tangible Outcomes*, Boston: Harvard Business School Press.（櫻井通晴，伊藤和憲，長谷川惠一監訳（2005）『戦略マップ：バランスト・スコアカードの新・戦略実行フレームワーク』ランダムハウス講談社）

Kaplan, R. S. and S. R. Anderson (2007), *Time-Driven Activity-Based Costing: A Simpler and More Powerful Path to Higher Profits*, Boston: Harvard Business School Press.（前田貞芳，久保田敬一，海老原崇訳（2008）『戦略的収益費用マネジメント―新時間主導型ABCの有効利用』日本経済新聞出版社）

Kaplan, R. S., D. Norton and B. Rugelsjoen (2010), "Managing Alliance with the Balanced Scorecard," *Harvard Business Review*, Vol. 88, No. 11, pp.114-120.

Klammer, T. (1996), *Capacity Measurement & Improvement: A Manager's Guide to Evaluating and Optimizing Capacity Productivity*, Chicago: Irwin.

Knoeppel, C. E. (1933), *Profit Engineering*, N. Y.: McGraw-Hill.

Kramer, P. (1947), "Selling Overhead to Inventory," *NACA Bulletin*, Vol. 28, No. 10, pp. 587-603.

Li, D. H. (1966), *Cost Accounting for Management Applications*, Ohio: Charles E. Merrill Books.

Lober, D. J. (1997), "Explaining the Formation of Business-Environmentalist Collaborations: CollaborativeWindows and the Paper Task Force," *Policy Sciences*, 30, pp. 1-24.

Lorenz, M. O. (1907), "Constant and Variable Railroad Expenditures and the Distance Tariff," *Quarterly Journal of Economics*, Vol. 21, No. 2, pp. 283-298.

Markusen, A. (1996), "Sticky Places in Slippery Space: A Typology of Industrial Districts," *Economic Geography*, Vol. 72, No. 3, pp. 293-313.

McFarland, W. B. (1966), *Concepts for Management Accounting*, N. Y. : NAA.
Moxey Jr., E. P. (1913), *Principles of Factory Cost Keeping*, N. Y. : The Ronald Press Co.
NACA (1957), *NACA Research Series No. 31: Costing Joint Products*, N. Y. : NACA.
Knoeppel, C. E. (1933), *Profit Engineering*, N. Y. : McGraw-Hill.
Noreen, E., D. Smith and J. Mackey (1995), *Theory of Constraints and its Implications for Management Accounting*, N. J.: North River Press.
Nørreklit, H. (2000), "The Balanced on the Balanced Scorecard: A Critical Analysis of Some of its Assumptions," *Management Accounting Research*, Vol. 11, No. 1, pp. 65-88.
Olhager, J., M. Rudberg and J. Wikner (2001), "Long-term capacity management: Linking the Perspectives from Manufacturing Strategy and Sales and Operations Planning," *International Journal of Production Economics*, No. 69, pp. 215-225.
Olve, N., C-J. Petri, J. Roy and S. Roy (2003), *Making Scorecards Actionable: Balancing Strategy and Control*, Chichester: John Wiley & Son.（吉川武男訳（2005）『実践　バランス・スコアカード経営』生産性出版）
Olve, N., J. Roy and M. Wetter (1999), *Performance Drivers: A Practical Guide to Using the Balanced Scorecard*, Chichester: John Wiley & Sons.（吉川武男訳（2000）『戦略的バランス・スコアカード　競争力・成長力をつけるマネジメント・システム』生産性出版）
Park, J. H., J. K. Lee and J. S. Yoo (2005), "A Framework for Designing the Balanced Supply Chain Scorecard," *European Journal of Information Systems*, Vol. 14, No. 4, pp. 335-346.
Pigou, A. C. (1912), *Wealth and Welfare*, London: Macmillan.
Pigou, A. C. (1913), "Railway Rates and Joint Cost," *Quarterly Journal of Economics*, Vol. 27, No. 3, pp. 535-536.
Perren, A. (1944), "The Development of Cost Accounting in Europe," *N.A.C.A.*, *Bulletin*, Vol. 25, No. 19, pp. 1059-1076.
Sickle, C. L. V. (1938), *Cost Accounting: Fundamentals and Procedures*, N. Y. : Harper and Brothers.
Taussig, F. W. (1911), *Principles of Economics*, N. Y. : Macmillan.
Taussig, F. W. (1913), "Railway Rates and Joint Cost Once More," *Quarterly Journal of Economics*, Vol. 27, No. 2, pp. 378-384.
Weathers, H. T. (1974), "Managerial Profitability," *Management Accounting*, Vol. 56, No. 1, pp. 25-27, 34.
Woolf, A. H (1912), *A Short History of Accountants and Accountancy*, London: Gee & Co.（片岡義雄・片岡泰彦訳（1977）『ウルフ会計史』法政大学出版局）
Wu, F. H. (1975), "Expanding the Profit Contribution Approach," *Management Accounting*, Vol. 56, No. 12, pp. 39-42.
Wycoff, D. W. (1974), "Direct and Idle-Time Cost Accounting," *Management Accounting*,

Vol. 56, No. 6, pp. 36-8.

Zimmerman, J. L. (1979), "The Cost and Benefits of Cost Allocations," *The Accounting Review*, Vol. 54, No. 3, pp. 504-521.

Zimmerman, K. (2002), "Using the Balanced Scorecard for Interorganizational Performance Managemnt of Supply Chains-A Case Study," in S. Seuring and M. Goldbach ed. (2002), *Cost Management in Supply Chains*, N. Y. : Physica-Verl., pp. 399-415.

<邦文文献>

青木倫太郎他（1963）『直接原価計算：事例研究』同文舘出版.

浅田拓史，吉川晃史，上總康行（2016）「コマツの経営改革と管理会計」『原価計算研究』第40巻第2号，154-166頁.

あずさ監査法人（2010）『医薬品業の会計実務』中央経済社.

新井清光（1971）「ASOBATの批判的考察」『會計』第100巻第1号，128-139頁.

伊藤和憲（2007）「戦略目標と戦略的実施項目のカスケード」『専修商学論集』第84号，79-87頁.

稲垣公夫（2005）「日本の製造業の環境変化とアウトソーシングの可能性」『オペレーションズ・リサーチ：経営の科学』第50巻第9号，605-610頁.

岩田一哲，金森正直（2012）「青森県におけるりんご産業クラスター事業の問題とその改善策(1)」『れぢおん青森』第34巻第404号，20-29頁.

岩田巌（1955）「二つの簿記学：決算中心の簿記と会計管理のための簿記」『産業経理』第15巻第6号，8-14頁.

大藪俊哉編（2000）『簿記テキスト』中央経済社.

岡本清（2000）『原価計算（六訂版）』国元書房.

岡本清（1962）「エドワード・P・モキシーの原価計算：その理論と米国原価計算史上の意義について」『一橋論叢』第48巻第1号，17-35頁.

オルヴ，N. ゲラン，スジョストランド，アンナ，吉川武男訳（2006）『バランス・スコアカードへの招待』生産性出版．(Olve, N. and A. Sjostrand (2006), *Balanced Scorecard*, West Sussex: Capstone Publishing.)

会計検査院（2011）「食農連携事業による新商品の開発等について」（平成23年10月19日付け農林水産大臣宛て）.

勝野美江，藤科智海（2010）「食料産業クラスターにおけるコーディネータに関する調査研究」文部科学省科学技術政策研究所Discussion Paper No. 71.

加藤厚海（2016）「連携のネットワーク：仲間型取引ネットワークと起業家」加護野忠男，山田幸三編（2016）『日本のビジネスシステム：その原理と革新』有斐閣，126-147頁.

金井一頼（2003）「クラスター理論の検討と再構成－経営学の視点から」石倉洋子，藤田昌久，前田昇，金井一頼，山崎朗『日本の産業クラスター戦略　地域における競争優位の確立』有斐閣.

金児昭（1990）「現代の経理実務と国際経理人の育成－収益・原価計算を中心として」『原価計算研究』第27冊，21-31頁.

金藤正直，岩田一哲（2012）『青森県中南地域を対象としたりんご産業クラスター形成のためのガイドライン作成事業』平成23年度財団法人青森学術文化振興財団助成事業報告書。
金藤正直，岩田一哲，高橋賢，内藤周子（2012）「青森県を対象とした産業クラスター事業の展開可能性」『れぢおん青森』第34巻第400号，30-39頁。
河田信編著（2009）『トヨタ　原点回帰の管理会計』中央経済社。
河野正男（1979）「社会責任会計と社会会計」『會計』第115巻第5号，53-67頁。
河野正男（2010a）「生態会計のフレームワーク」河野正男，八木裕之，千葉貴律編著『生態会計への招待－サステナビリティ社会のための会計』森山書店，1-8頁。
河野正男（2010b）「マクロ環境会計の展開」河野正男，八木裕之，千葉貴律編著『生態会計への招待－サステナビリティ社会のための会計』森山書店，234-261頁。
川野克典（2014）「日本企業の管理会計・原価計算の現状と課題」『商学研究』第30号，55-86頁。
清松敏雄，渡辺智信（2015）「わが国上場企業における財管一致に関する調査に向けて」『経営情報研究』第19号，127-134頁。
黒澤清（1972）「生態会計学の発想」『産業経理』第32巻第1号，6-10頁。
黒澤清（1977）『工業簿記』一橋出版。
経済産業省経済産業政策局地域経済産業グループ（2006）「産業クラスター第Ⅱ期中期計画」。
工藤栄一郎（2015）『会計記録の研究』中央経済社。
経済産業省（2016）「2016年度版　ものづくり白書」。
厚生労働省（2018）「労働経済動向調査の概況」。
小口好昭（1991）「メソ会計としての水の会計学」『會計』第139巻第5号，82-100頁。
小口好昭編（2015）『会計と社会：ミクロ会計・メソ会計・マクロ会計の視点から』中央大学出版部。
小島廣光（2006）「協働の窓モデル」『経済学研究』第55巻第4号，11-30頁。
小島廣光，平本健太（2009）「戦略的協働とは何か」『経済学研究』第58巻第4号，155-193頁。
後藤祐一（2009）「戦略的協働の理論的枠組」『経済学研究』第58巻第4号，319-330頁。
齋藤修監修（2010）「コーディネーターが目指す食料産業クラスターの本質～食農連携による地域活性化に向けて」食品需給研究センター。
坂根正弘（2011）『ダントツ経営:コマツが目指す「日本国籍グローバル企業」』日本経済新聞社。
櫻井通晴（2015）『管理会計（第6版）』同文舘出版。
佐藤康男，豊島義一編（1997）『日本企業の管理会計』白桃書房。
産業クラスター研究会（2005）「産業クラスター研究会報告書」。
正司素子（2012）『IFRSと日本的経営：何が，本当の課題なのか!?』清文社。
食品需給研究センター（2009）「食料産業クラスターの躍動－食料産業クラスターに関する地域等の取り組み事例集」。
総務省統計局（2019）「人口推計（平成30年12月確定値，令和元年5月概算値）」。
染谷恭次郎（1964）「期間利益の決定に直接原価計算を適用することは認められる」『會計』

第86巻第3号，482-497頁。
高橋史安（2003）「原価計算・管理会計実践の総合的データベースの構築」『会計学研究』第16号，1-158頁。
高橋　賢（1999）「不働費の測定〜能力原価計算からABCへ」『千葉大学経済研究』第13巻第4号，849-72頁。
高橋　賢（2005）「アイドル・キャパシティ・コストに関する一考察」『経理研究』第48号，155-164頁。
高橋　賢（2007）「日本における直接原価計算の受容と展開－1950年代から60年代を中心に」『横浜経営研究』第27巻第3・4号，31-45頁。
高橋　賢（2008a）「連結原価と共通費」『横浜経営研究』第29巻第1・2号，83-95頁。
高橋　賢（2008b）『直接原価計算論発達史　米国における史的展開と現代的意義』中央経済社。
高橋　賢（2009a）「連結原価の配賦方法の合理性に関する一考察：正義という観点から」『横浜経営研究』第29巻第4号，27-41頁。
高橋　賢（2009b）「原価構造の変容と外部報告会計への影響にかんする一考察」『経理研究』第52号，367-376頁。
高橋　賢（2009c）「大恐慌と会計　差額原価収益分析の系譜」『横浜経営研究』第30巻第2号，13-29頁。
高橋　賢（2010a）「TDABCの本質とその課題」『産業経理』第70巻第2号，128-136頁。
高橋　賢（2010b）「産業クラスターの管理と会計：メゾ管理会計の構想」『横浜経営研究』第31巻第1号，73-87頁。
高橋　賢（2011a）「時間を基準とした原価配賦に関する一考察」『横浜国際社会科学研究』第16巻第3号，1-11頁。
高橋　賢（2011b）「バランス・スコアカードの産業クラスターへの適用」『横浜国際社会科学研究』第15巻第6号，1-19頁。
高橋　賢（2011c）「産業クラスターにおけるインフラ整備の評価とBSC」『横浜経営研究』第32巻第2号，1-15頁。
高橋　賢（2011d）「産業クラスターへの管理会計の応用　BSCの適用可能性」『企業会計』第63巻第10号，78-83頁。
高橋　賢（2012a）「原価・収益計算としての直接原価計算の再検討」『横浜経営研究』第32巻第3・4号，23-35頁。
高橋　賢（2012b）「アイドル・キャパシティの測定と活用に関する一考察」『横浜国際社会科学研究』第16巻第6号，1-10頁。
高橋　賢（2012c）「産業クラスターの展開とバランス・スコアカード（BSC）」『れぢおん青森』第34巻第402号，38-43頁。
高橋　賢（2012d）「熊本県における食料産業クラスターの展開」『横浜経営研究』第33巻第1号，71-85頁。
高橋　賢（2012e）「産業クラスターと戦略カスケードマップ」『横浜国際社会科学研究』第

17巻第2号，1-11頁．
高橋　賢（2013a）「産業クラスターへの管理会計技法の適用」『原価計算研究』第37巻第1号，117-126頁．
高橋　賢（2013b）「食料産業クラスター政策の問題点」『横浜経営研究』第34巻第2・3号，35-47頁．
高橋　賢（2014a）「全部原価計算の説明能力の再検討と直接原価計算の現代的意義」『商学論纂』第55巻第4号，147-165頁．
高橋　賢（2014b）「協働の窓モデルとBSC」『横浜経営研究』第35巻第1号，15-28頁．
高橋　賢（2015a）「財務会計と直接原価計算」『横浜経営研究』第36巻第1号，57-66頁．
高橋　賢（2015b）「補助金活用における管理会計的視点の導入」『会計検査研究』第52号，11-25頁．
高橋　賢（2017a）「簿記と管理会計」『横浜経営研究』第37巻第3・4号，35-45頁．
高橋　賢（2017b）「原価配賦と正義」『横浜経営研究』第73巻第1号，73-81頁．
高橋　賢（2017c）「財管一致の会計に関する一考察」『産業経理』第77巻第1号，70-78頁．
高橋　賢（2017d）「中小企業への直接原価計算の導入：大綱的投資回収計画」『中小企業会計研究』第3号，50-58頁．
高橋　賢（2018）「戦略カスケードマップによる協働の窓の開放：イノベーション創出と管理会計」『横浜経営研究』第38巻第3・4号，100-107頁．
高橋　賢（2019）「わが国における直接原価計算の展開」『会計』第195巻第1号，79-91頁．
滝野隆永（1964）「直接原価計算と財務会計」『會計』第86巻第3号，514-527頁．
田中成明（1994）『法理学講義』有斐閣．
田中隆雄編（1991）『フィールド・スタディ　現代の管理会計システム』中央経済社．
出村克彦（2008）「農業環境政策と環境評価手法」『会計検査研究』第38号，1-16頁．
中野晴之（2008）「財管一致の会計情報システムの構築：クレジット会社における会計情報システムの導入研究」『会計プログレス』第9号，78-90頁．
中村忠（1985）『現代簿記』白桃書房．
中村輝夫（2015）「経営トップと管理会計」『経理研究』第58号，45-57頁．
中村博之，高橋賢編（2013）『管理会計の変革：情報ニーズの拡張による理論と実務の進展』中央経済社．
ニヴン，R. ポール，清水孝監訳（2009）『BSC戦略マネジメントハンドブック』中央経済社．（Niven, P. R.（2006）, *Balanced Scorecard Step by Step: Maxmizing Performance and Maintaining Results*, John Wiley & Sons, Inc., 2nd ed.）
西川太一郎（2008）『産業クラスター政策の展開』八千代出版．
西澤脩（1995）『日本企業の管理会計―主要229社の実態分析』中央経済社．
平本健太（2009）「戦略的協働の本質：主要命題と実践的指針の提示」『経済学研究』第59巻第3号，137-167頁．
廣本敏郎（1989）「管理会計システムの再検討」『會計』第136巻第5号，25-36頁．
廣本敏郎（1996）『工業簿記の基礎』税務経理協会．

藤田昌久監修，山下彰一，亀山嘉大編（2010）『産業クラスターと地域経営戦略』多賀出版。
二神恭一（2008）『産業クラスターの経営学　メゾ・レベルの経営学への挑戦』中央経済社。
二神恭一，高山貢，高橋賢編（2014）『地域活性のための経営と会計－産業クラスターの可能性』中央経済社。
ポーター，E. マイケル，竹内弘高訳（1999）『競争戦略論Ⅱ』ダイヤモンド社。（Porter, M. E. (1998), *On Competition*, Boston: Harvard Business School Press.）
松本雅男（1973）『管理会計』丸善。
皆川芳輝（2008）『サプライチェーン管理会計』晃洋書房。
八木裕之（2010）「企業社会会計の登場」河野正男，八木裕之，千葉貴律編著『生態会計への招待－サステナビリティ社会のための会計』森山書店，9-23頁。
山崎朗（2005）「産業クラスターの意義と現代的課題」『組織科学』第38巻第3号，4-14頁。
山邊六郎（1952）「直接原価計算について」『企業会計』第4巻第3号，252-255頁。
山邊六郎（1954）「境界線上に立つ直接原価計算」『産業経理』第14巻第4号，18-25頁。
山邊六郎（1968）『管理会計』千倉書房。
山邊六郎（1974）「直接原価計算と財務会計」『會計』第105巻第4号，1-17頁。
山邊六郎（1980）「財務会計と管理会計－いわゆる『アカウンタビリティ』との関連を中心として」『亜細亜大学経営論集』第15巻第2号，3-14頁。
吉川武男（2001）『バランス・スコアカード入門　導入から運用まで』生産性出版。
吉川武男（2006）『バランス・スコアカードの知識』日本経済新聞出版社。
吉川武男，ジョン・イネス，フォークナー・ミッチェル（1994）『リストラ／リエンジニアリングのためのABCマネジメント』中央経済社。

# 索　引

## 英　数

Activity-Based Costing（ABC） ………… 62
ERP ……………………………………… 98
JIT ……………………………………… 68
SVM管理 ……………………………… 105
TDABC ………………………………… 64
TOC …………………………………… 123
TPS ……………………………………… 67

## あ　行

アイドル・キャパシティ・コスト ……… 41
アクティビティ・コスト ………………… 41
アライアンス・スコアカード …………… 172
意思決定アプローチ ……………………… 27
意思決定会計 ……………………………… 77
影響アプローチ …………………………… 27
オフ・リミットなアイドル・キャパシティ
　………………………………………… 50

## か　行

価値移転的原価計算 ……………………… 29
価値回収的原価計算 ……………………… 29
完全工業簿記 ……………………………… 84
技術的連結原価 …………………………… 24
キャパシティ・クッション ……………… 47
キャパシティ・コスト …………………… 9
業績管理会計 ……………………………… 77
共通費 ……………………………………… 10
協働アクティビスト …………………… 205
協働の窓モデル ………………………… 199
経済的連結原価 …………………………… 24
形式的定義 ………………………………… 32

結合原価 …………………………………… 9

## さ　行

財管一致 …………………………………… 89
サプライチェーンBSC ………………… 161
産業クラスター ………………………… 139
時間方程式 ………………………………… 65
市場性があるアイドル・キャパシティ … 49
市場性がないアイドル・キャパシティ … 50
実質的正義 ………………………………… 32
商的工業簿記 ……………………………… 84
食料産業クラスター …………………… 144
スループット会計 ……………………… 124
戦略カスケードマップ ………………… 191
戦略的協働 ……………………………… 199
戦略マップ ……………………………… 151

## た　行

大綱的投資回収計画 …………………… 111
タスク・コントロール …………………… 78
短期限界思考 …………………………… 121
地域的サプライチェーン ……………… 157
長期平均思考 …………………………… 121
直接原価計算 …………………………… 103
直接原価計算論争 ……………………… 120
適法的正義 ………………………………… 32
手続的正義 ………………………………… 31
トヨタ生産方式 …………………………… 67

## な　行

能力原価計算 ……………………………… 60

## は 行

バランス・サプライチェーン・スコアカード
　……………………………………… 163
バランス・サプライチェーン・マネジ
　メント・スコアカード ………………… 166
バランス・スコアカード ………………… 151
分配的正義 ………………………………… 31
分離可能原価 ……………………………… 19

## ま 行

マネジメント・コントロール …………… 78

未来原価回避説 …………………………… 120
メゾ管理会計 ……………………………… 137

## ら 行

リージョナル・サプライチェーン ……… 141
連結原価 …………………………………… 9

【著者紹介】

高橋　賢（たかはし　まさる）

横浜国立大学大学院国際社会科学研究院教授　博士（商学，一橋大学）

1968年生まれ（長崎県諫早市出身）。1991年一橋大学商学部卒業，1996年一橋大学大学院商学研究科博士後期課程単位修得退学。同年千葉大学法経学部講師，1998年同助教授，2000年横浜国立大学経営学部助教授，2004年ポワチエ大学外国人招聘助教授，2011年横浜国立大学大学院国際社会科学研究科教授を経て2013年より現職。2005年日本簿記学会学会賞受賞（泉宏之氏，原俊雄氏と共同受賞）。元会計検査院特別研究官（2013－2015年）。

〈主要著書〉

『直接原価計算論発達史　米国における史的展開と現代的意義』中央経済社，2008年

『テキスト原価会計』中央経済社，第1版：2009年，第2版：2015年

『管理会計の変革―情報ニーズの拡張による理論と実務の進展』共編著，中央経済社，2013年

『地域再生のための経営と会計―産業クラスターの可能性』共編著，中央経済社，2014年

『テキスト会計学講義』共編著，中央経済社，2018年

---

管理会計の再構築──本質的機能とメゾ管理会計への展開

2019年10月10日　第1版第1刷発行

著　者　高　橋　　　賢
発行者　山　本　　　継
発行所　㈱中央経済社
発売元　㈱中央経済グループ
　　　　パブリッシング

〒101-0051　東京都千代田区神田神保町1-31-2
電　話　03 (3293) 3371（編集代表）
　　　　03 (3293) 3381（営業代表）
http://www.chuokeizai.co.jp/
製版／三英グラフィック・アーツ㈱
印刷／三　英　印　刷㈱
製本／誠　　製　　本㈱

Ⓒ 2019
Printed in Japan

＊頁の「欠落」や「順序違い」などがありましたらお取り替えいたしますので発売元までご送付ください。（送料小社負担）

ISBN978-4-502-32181-8　C3034

JCOPY〈出版者著作権管理機構委託出版物〉本書を無断で複写複製（コピー）することは，著作権法上の例外を除き，禁じられています。本書をコピーされる場合は事前に出版者著作権管理機構（JCOPY）の許諾を受けてください。
JCOPY〈http://www.jcopy.or.jp　eメール：info@jcopy.or.jp〉

≪ 歴史的大変革の会計学を網羅 ≫

# 会計学大辞典

## 第五版

【編集代表】
**安藤英義・新田忠誓・伊藤邦雄・廣本敏郎**

見やすく引きやすい全ページ2色刷

会社法創設，国際的統一に向かう会計基準を踏まえ，10年にわたる大改革をへた制度的会計の全容を収録。会計を支える諸理論，進展著しい管理会計や会計情報システム，非営利会計，税務会計に至るまで，会計学と関係領域15分野から4,337項目を選定し，第一級の研究者・実務家307名が執筆。会計の現段階をこの1冊に凝縮した研究・実務・学習に必備の大辞典

A5判・上製函入・1,540頁
**定価23,100円**（税込）

中央経済社